SICILE

Jack Altman

JPM GUIDES

Sommaire

- **Cap sur la Sicile** — 3
- **Scènes du passé** — 7
- **Tout voir** — 17
  - *Palerme et ses environs* — 17
  - *L'ouest* — 31
  - *La côte méridionale* — 43
  - *Syracuse et le sud-est* — 49
  - *L'est* — 61
  - *L'intérieur* — 71
  - *La côte septentrionale* — 76
  - *Les îles Eoliennes* — 79
- **Un peu de culture** — 84
- **A table** — 86
- **Les achats** — 88
- **Les sports** — 89
- **Le côté pratique** — 90
- *Index* — 96

Cartes et plans

Agrigento	94
Iles Eoliennes	95

Carte dépliante

Sicile

Palermo

Catania, Siracusa

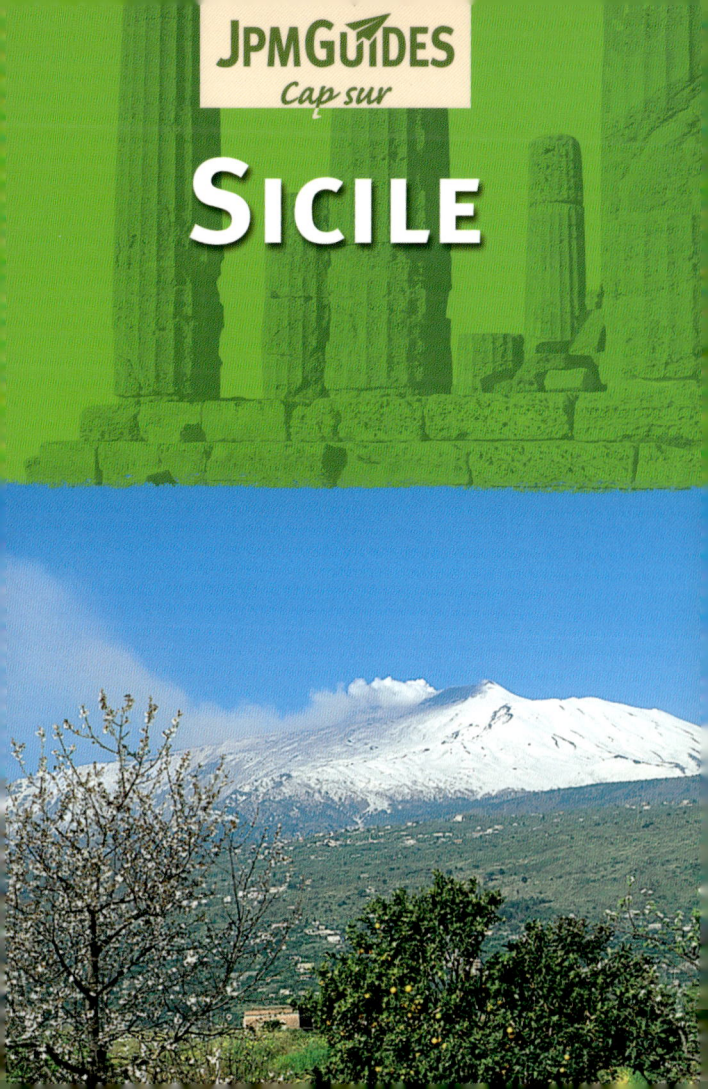

JpmGuides
Cap sur

SICILE

QUELQUES MOTS

FRANÇAIS	ITALIEN
Bonjour	*Buon giorno*
Bonsoir	*Buona sera*
Au revoir	*Arrivederci*
Salut!	*Ciao!*
Parlez-vous français?	*Parla francese?*
Oui	*Sì*
Non	*No*
S'il vous plaît	*Per favore*
Merci	*Grazie*
Pardon	*Mi scusi*
De rien	*Prego*
Aujourd'hui	*Oggi*
Hier	*Ieri*
Demain	*Domani*
Comment allez-vous?	*Come sta?*
Je ne comprends pas	*Non capisco*
J'aimerais…	*Vorrei…*
Combien ça coûte?	*Quant'è?*
bon/mauvais	*buono/cattivo*
grand/petit	*grande/piccolo*
gauche/droite	*sinistra/destra*
ici/là	*qui/là*
Où se trouve…?	*Dov'è…?*
la banque	*la banca*
le médecin	*il dottore*
la pharmacie	*la farmacia*

Cap sur la Sicile

Un monde à part

Plus grande île de la Méditerranée, la Sicile est un monde à part. Bien que séparés de la «Grande botte» par un mince ruban d'eau seulement – le détroit de Messine – ses habitants revendiquent fièrement leur identité. Il faut dire que cette terre rattachée à l'Italie au XIXe siècle avait été modelée auparavant par 3000 ans d'histoire mêlant des civilisations de la Méditerranée tout entière et même d'au-delà.

Sur la côte septentrionale, la capitale Palerme, qui conserve des traces de tous ses occupants successifs – Grecs, Romains, Byzantins, Arabes, Normands et Espagnols – fut fondée par les Phéniciens depuis leur colonie nord-africaine de Carthage. Au sud, les Grecs bâtirent, à Agrigente, des temples surpassant en beauté beaucoup de ceux de leur patrie. Plus haut, le long de la côte orientale, les Corinthiens édifièrent la puissante colonie de Syracuse, puis le théâtre de Taormina, qui fut dès sa naissance un lieu de villégiature. Dans l'intérieur, les Romains créèrent les *latifundia* – vastes domaines privés – qui constituent de nos jours encore la base de l'agriculture sicilienne. Les Arabes introduisirent dans l'île leur système d'irrigation, l'amandier et le palmier-dattier, le citronnier et l'oranger, et enrichirent de leur art architectural les palais des Normands de Palerme et de Monreale. L'empereur germanique Frédéric II, couronné roi de Sicile en 1197, favorisa l'essor de la poésie et des sciences. Les Habsbourg d'Autriche et les Bourbons d'Espagne, enfin, firent venir de la main-d'œuvre de Rome pour bâtir les trésors baroques de Catane, Noto, Raguse et Palerme.

La Sicile est aussi une terre de violents contrastes. Sous les effets combinés d'un passé turbulent et d'un climat à la fois subtropical et méditerranéen, elle recèle des aspects sombres et austères, d'autres d'une lumineuse clarté, des espaces arides et des paysages luxuriants, des âmes violentes et tourmentées et des êtres sereins et chaleureux. Une grande tradition de libre pensée, illustrée par des auteurs aussi éminents que Luigi Pirandello, Giovanni Varga ou Leonardo Sciascia, a fleuri dans un environnement marqué par la superstition et la dévotion, dont témoigne toujours une multitude de processions religieuses hautes en couleur.

L'élégant temple de Sélinonte était probablement dédié à la déesse Héra.

Un cœur de feu

Dominant de sa masse formidable la côte orientale, l'Etna est le volcan en activité le plus élevé d'Europe (3343 m au dernier pointage) et Catane, la seconde ville de l'île, fut bâtie – et inlassablement rebâtie – sur son lit de lave solidifiée. Quant aux admirables monuments baroques de Noto, ils sont le fruit du tremblement de terre qui ravagea la ville en 1693.

D'une superficie de 25 460 km², la Sicile dessine un triangle dont les pointes sont Messine, Marsala et le cap Passero au sud-est. Le paysage est façonné par les massifs montagneux de Peloritani, Nebrodi, Madonie et Mazara au nord et d'Iblei au sud, lesquels viennent mourir dans la mer en formant un littoral déchiqueté où les plages de sable sont rares.

Pauvre en cours d'eau, la Sicile ne compte qu'une seule grande étendue fertile: la plaine de Catane. Décimée au fil des siècles, la forêt originelle ne couvre plus que 4% du territoire. L'intérieur de l'île, rocailleux et parcheminé, est quasiment inhabité, la majorité des 5,2 millions d'indigènes – et les lieux de villégiature – se concentrent le long des côtes septentrionale et orientale.

Les chaînes montagneuses ressurgissent au large pour former

CAP SUR LA SICILE

l'archipel volcanique des Eoliennes au nord et celui des Egades à l'ouest de Trapani et de Marsala.

Avec des moyennes annuelles de plus de 2500 heures d'ensoleillement à Catane et plus de 130 jours sans nuages à Syracuse et Taormina, la Sicile se targue de jouir du ciel le plus limpide de toute l'Europe. En été, la chaleur accablante est souvent aggravée par le sirocco. L'automne est en revanche d'une exquise douceur, la température de la mer autorisant la baignade durant une bonne partie du mois de novembre. Sur le littoral, l'hiver est très clément, cependant que les pentes de l'Etna se couvrent de neige. Mais la plus belle période est sans conteste celle qui s'étend de la floraison des amandiers en février à la cueillette des premières fraises en avril, l'intérieur de l'île se parant alors d'un foisonnant tapis de fleurs sauvages.

Face aux intrus, les habitants de l'intérieur ne s'ouvrent guère plus que les maisons aux murs épais. Les citadins se montrent légèrement plus exubérants – mais uniquement entre eux.

Nous avons failli passer sous silence la Mafia. Créée en réaction à des siècles de domination étrangère avant de devenir l'institution criminelle que l'on sait, la *Cosa Nostra* – «Notre Chose» – continue de tenir les leviers de l'économie et de la politique locales, en dépit de la lutte énergique menée non sans succès au cours des récentes années. En témoignent la misère des agriculteurs qui ne voient jamais la couleur des subventions européennes, les fiascos industriels et les désastres écologiques, les nombreuses coupures qui jalonnent le tracé des autoroutes et le délabrement des monuments archéologiques, des églises et des palais baroques. Malgré tout, la Sicile conserve pourtant un puissant pouvoir de séduction.

LA SICILE À L'ÉCRAN

Avant sa somptueuse adaptation du *Guépard* (1963) de Lampedusa, Lucchino Visconti avait dépeint la vie plus modeste d'un village de pêcheurs situé au nord de Catane dans *La terra trema* (La terre tremble, 1948). Les îles Eoliennes ont servi de décor à de nombreux films, du mélodramatique *Stromboli* (1949) de Roberto Rossellini à *Caro Diario* (1993) de Nanni Moretti et *Il Postino* (1994) de Michael Radford. La Mafia a bien entendu inspiré de nombreuses œuvres cinématographiques, parmi lesquelles *Salvatore Giuliano* (1961) de Francesco Rosi et le fameux *Parrain* (1972–1974) de Francis Ford Coppola retraçant la saga de la famille Corleone.

Scènes du passé

Les origines

Les plus anciennes traces d'habitants en Sicile datent d'il y a environ 10 000 ans. Des peintures rupestres découvertes dans des grottes sur le Monte Pellegrino, maintenant englobé dans l'agglomération palermitaine, ainsi que sur l'île de Levanzo, à l'ouest de Trapani, témoignent de leur présence. On a également retrouvé dans tout le bassin méditerranéen des outils taillés dans la pierre volcanique de la côte orientale de la Sicile et des îles Eoliennes.

A l'arrivée des premiers colons grecs au VIIIe siècle av. J.-C., trois peuples se partageaient l'île. Les plus anciens occupants, les Sicanes, étaient selon toute probabilité originaires du sud de l'Espagne. Ils avaient été repoussés de la côte orientale vers l'intérieur des terres par les Sicules, des envahisseurs venus d'Italie qui ont donné leur nom à l'île. Quant aux Elymes, établis au nord-ouest sur les sites d'Erice et de Ségeste, ils auraient été, selon les Grecs, des réfugiés des guerres troyennes.

L'Etna est non seulement le plus haut volcan d'Europe, mais aussi l'un des plus actifs de la planète.

Phéniciens et Grecs

A l'époque où les Grecs s'installaient, des marchands phéniciens aménageaient des comptoirs à Palerme et à Solunte au nord, ainsi que sur l'île de Mozia, au large de la côte occidentale. Venus de l'actuel Liban pour fonder la ville de Carthage en Tunisie, les Phéniciens n'avaient d'autres ambitions en Sicile que de développer leur commerce, alors que les Grecs s'établissaient dans une optique durable le long des côtes orientale et méridionale. A Naxos, au sud de Taormina, et à Megara Hyblæa, au nord de Syracuse, ces derniers établirent des avant-postes destinés à protéger les nouvelles colonies de Sicile et d'Italie du Sud. La plus importante, Syracuse, fut fondée en 734 av. J.-C. par les Corinthiens, qui prirent rapidement le contrôle de la plaine côtière et des collines environnantes. En 688 av. J.-C., des immigrants de Rhodes et de Crète créèrent au sud la cité de Gela et, au siècle suivant, leurs prospères descendants bâtirent Agrigente. D'autres pionniers provenant de Megara Hyblæa s'aventurèrent de l'autre côté de l'île pour fonder Sélinonte.

Les Grecs trouvèrent en Sicile un sol beaucoup plus fertile qu'il

SCÈNES DU PASSÉ

ne l'est de nos jours. A Syracuse, ils formèrent bientôt une élite oisive qui employait des esclaves sicules comme cultivateurs et comme domestiques. Menacés par un soulèvement populaire en 485 av. J.-C., les propriétaires locaux appelèrent à la rescousse leurs compatriotes de Gela, dont le gouverneur Gelon (540–478 av. J.-C.) écrasa la révolte et fixa sa capitale à Syracuse, laissant sa cité d'origine à la garde de son frère Hiéron. Allié à Agrigente, il repoussa en 480 av. J.-C. une invasion carthaginoise à Himera, sur la côte septentrionale. Après avoir étouffé une dernière insurrection des Sicules en 450 av. J.-C., Syracuse devint bientôt la plus puissante cité hellène à l'ouest de la Grèce. Irritée par ce défi à sa suprématie, Athènes lança en 415 av. J.-C. une formidable escadre à l'assaut de cette grande colonie corinthienne qui résista vaillamment à deux années de siège et se retrouva plus forte que jamais.

A la suite de succès répétés contre de nouvelles tentatives d'invasion de la part de Carthage, Denys Ier dit l'Ancien (405–367 av. J.-C.), le plus illustre chef de Syracuse, étendit son empire vers le sud de l'Italie et jusqu'à certaines régions de l'Albanie et de la Macédoine actuelles. Installé dans une capitale magnifique et mieux fortifiée qu'aucune autre cité grecque, il était tenu par certains comme le champion de la civilisation hellène, mais cette réputation fut sérieusement ternie par sa brutalité.

L'Empire romain

Entre 264 et 241 av. J.-C., la Sicile se trouva plongée malgré elle dans la première des trois guerres puniques qui opposèrent Rome et Carthage pour la domination de la Méditerranée occidentale, les deux superpuissances de l'époque ayant saisi le prétexte d'une dispute entre Syracuse et Messine pour tenter de prendre le contrôle de l'île. Les Romains emportèrent la première manche, occupant Messine, imposant une alliance à Syracuse et enlevant successivement Agrigente et Palerme aux Carthaginois. Ces derniers prirent leur revanche grâce aux éclatantes victoires navales de Marsala et de Trapani qui contraignirent Rome à se replier jusqu'en 242 av. J.-C., année où une formidable flotte reprit Marsala et bouta les Phéniciens hors de Sicile.

Dès lors, seule Syracuse préserva une relative indépendance vis-à-vis de l'Empire, jusqu'à ce qu'elle choisisse le camp carthaginois dans la deuxième guerre punique, en 215 av. J.-C. Deux ans plus tard, Rome qui avait un pressant besoin du froment sicilien arma une nouvelle escadre pour pénétrer dans le port. Mais celui-ci était ingénieusement défendu par un dispositif anti-siège imaginé par le mathématicien local Archimède. Toutefois, alors que la révolte se répandait dans l'île et que les forces ennemies gagnaient du terrain le long de la côte sud, les Romains parvinrent enfin à briser les défenses de Syracuse et à prendre le contrôle total de la Sicile en 210 av. J.-C.

Promue au rang de première province de l'Empire avec Syracuse pour capitale, la Sicile demeura en réalité une colonie durant les six siècles suivants, les seuls Romains établis sur place étant les gouverneurs, les collecteurs d'impôts et les soldats, si l'on excepte les nombreux immigrants originaires des possessions grecques de l'Empire. Comme ce serait le cas à d'autres époques de l'histoire sicilienne, la métropole était alors perçue comme une puissance étrangère et hostile, sentiment qui suscita plusieurs soulèvements au cours du IIe siècle av. J.-C. Négligeant les villes qu'ils laissèrent pratiquement telles que les Grecs et les Phéniciens les avaient bâties, les Romains eurent une influence nettement plus marquée dans les campagnes qu'ils dotèrent d'un important réseau de voies pavées, de canaux d'irrigation, d'aqueducs et de ponts, et où ils établirent, vers la fin de leur règne, les fameuses latifundia qui dominent aujourd'hui encore le système agricole sicilien.

Abstraction faite du passage des apôtres Pierre et Paul, revendiqué par la tradition, mais non établi par l'histoire, la Sicile ne fut guère touchée par les débuts du christianisme, servant essentiellement de refuge à quelques ermites et hérétiques de l'Eglise d'Orient. Les plus anciens sites d'inhumation de chrétiens connus à ce jour sont les catacombes de Syracuse, créées au IIIe siècle de notre ère durant le sacerdoce de saint Marcian, premier évêque de Sicile. La sainte patronne de l'île, Lucie, fut martyrisée en 304.

Byzantins et Arabes

L'hégémonie romaine s'effondra au Ve siècle sous les assauts répétés des Vandales depuis Carthage et des Ostrogoths depuis la péninsule italienne. En 535, la population sicilienne, d'ascendance grecque dans sa grande majorité, accueillit comme un libérateur le général Bélisaire, chargé par l'empereur d'Orient Justinien Ier de reprendre l'île aux Barbares. Au VIIe siècle, après avoir caressé un temps l'idée de reconquérir Rome depuis la Sicile, l'Empire d'Orient abandonna celle-ci à son sort. Bientôt, l'île tomba sous la coupe d'administrateurs corrompus et de pirates venus d'Afrique du Nord.

La colonisation arabe débuta paisiblement au VIIIe siècle avec l'installation de marchands dans les villes portuaires, puis s'affirma avec la prise de Palerme en 831. Syracuse tomba à son tour en 878 à l'issue d'un long siège, mais les Arabes n'achevèrent leur conquête qu'en 965. Ils choisirent Palerme pour capitale, y édifiant de somptueux palais, jardins et mosquées. L'agriculture refleurit grâce à des systèmes d'irrigation très élaborés et à l'introduction de nouvelles cultures – sucre, coton, orange, citron et datte. Habiles ingénieurs, les Arabes restaurèrent et améliorèrent les routes, ponts et aqueducs romains.

La conquête normande

Après qu'une armée byzantine eut échoué à reconquérir l'île au XIe siècle, des mercenaires normands frustrés de leur combat décidèrent de faire une nouvelle tentative. Depuis leur base au sud de l'Italie, les frères Hauteville entreprirent donc, avec la bénédiction papale, de rendre la Sicile à la chrétienté. En 1060, Robert, duc d'Apulie, chargea de cette mission son frère Roger qu'il rejoignit onze ans plus tard pour la bataille décisive de Palerme.

Charles Ier d'Anjou fut sacré roi de Sicile par le pape français Clément IV.

Les Normands montrèrent une remarquable aptitude à assimiler les vertus et capacités des autres civilisations. Respectant les mosquées et palais orientaux, ils érigèrent des églises et des châteaux intégrant en de subtiles combinaisons les styles mauresque, byzantin, roman et gothique. Ils adoptèrent l'efficace système arabe de collecte des impôts et placèrent à la tête de leur flotte des amiraux byzantins. Né à Palerme, Roger II (1095-1154), premier roi de Sicile, eut des précepteurs grec et arabe. Sa cour fut un brillant creuset des cultures méditerranéennes et un modèle de tolérance intellectuelle et religieuse.

Après son règne, toutefois, la puissance normande commença à décliner. Les barons se disputaient le trône et de nombreux musulmans quittèrent l'île en 1189 pour échapper aux persécutions. En 1190, Richard Ier d'Angleterre, en route pour la troisième croisade, mit à sac la ville de Messine. Quatre ans plus tard, le roi et futur empereur germanique Henri VI, arguant de sa légitimité en tant que mari de la fille de Roger II, Constance, s'appropria le trône de Sicile.

Frédéric II ou l'âge d'or

Les affaires de l'Empire tinrent Henri éloigné de l'île jusqu'à la fin de son bref règne. Il s'éteignit en 1197 à Messine des suites d'une crise de dysenterie, après avoir écrasé une insurrection de barons normands. La couronne échut à son fils de trois ans Frédéric II (1194–1250) qui grandit dans l'atmosphère cosmopolite de Palerme, s'imbibant des cultures grecque et romaine ainsi que des sciences arabe et juive.

S'ajoutant à ce bagage, le solide réalisme hérité de sa mère normande et l'autorité propre à la lignée paternelle des Hohenstaufen firent de ce souverain un prototype médiéval des princes de la Renaissance. Mélange détonant d'ouverture d'esprit et d'implacable ambition, cette *Stupor mundi* (merveille du monde), ainsi qu'on l'avait surnommé, fit de la Sicile un foyer de la poésie, de la médecine, des mathématiques et de la science juridique. Mais il tissa aussi à travers l'île un réseau de châteaux à partir desquels il pourrait étouffer toute velléité d'indépendance et, afin de tempérer l'hostilité latente du pape, il traita avec la plus grande rigueur hérétiques et musulmans. A la fin de son règne, Frédéric saignait à blanc la Sicile afin de financer ses guerres d'expansion. Ses fils ne purent contenir longtemps les barons rétifs ni les puissances étrangères qui convoitaient le trône.

Brève parenthèse française
Fermement soutenu par le pape français Clément IV, Charles d'Anjou coiffa la couronne sicilienne et mit fin à la domination des Hohenstaufen en Italie en vainquant Manfred en 1266. Le frère du roi de France Louis IX punit les habitants restés fidèles aux anciens souverains en confisquant leurs terres au profit de ses soldats et en les accablant d'impôts. Paysans comme nobles n'eurent guère besoin des encouragements prodigués par l'ennemi espagnol pour se soulever.

La révolte explosa à l'occasion des fameuses Vêpres siciliennes de 1282, après qu'un officier français eut gravement insulté une jeune femme qui se rendait à l'église à Palerme. Les émeutes qui s'ensuivirent se soldèrent par le massacre de quelque 2000 soldats de la garnison et la guerre s'étendit bientôt à l'ensemble de l'île, contraignant Charles à se réfugier à Naples.

Cinq siècles de férule espagnole
Durant la majeure partie du XIVe siècle, les rois espagnols furent accaparés par la guerre contre les Angevins à Naples et par le conflit avec la papauté. Les plus puissants des barons féodaux siciliens, comme les Chiaramonte, les Ventimiglia et les Sclafani, régnaient alors en monarques absolus sur leurs territoires respectifs. Pour défendre leurs fiefs contre l'aristocratie espagnole, ils

s'étaient dotés d'armées privées – les *mafias,* terme vraisemblablement dérivé d'un mot arabe signifiant protection – qui terrorisaient la paysannerie locale.

En 1410, l'île fut placée sous l'autorité directe de l'Espagne qui espérait mettre ainsi un terme au chaos. Cinq ans plus tard, un vice-roi fut détaché à Palerme. La Sicile connut alors une ère relativement calme et prospère jusqu'à l'arrivée en 1487 de l'Inquisition, qui porta un coup fatal à la tradition de tolérance de l'île et en chassa bientôt les communautés juives et musulmanes. Au siècle suivant, la découverte des Amériques eut des conséquences désastreuses pour l'économie sicilienne, les négociants espagnols ayant abandonné la Méditerranée pour l'Atlantique. Et, bien que la vieille menace des pirates turcs ait été sensiblement réduite grâce à une alliance des forces espagnoles, vénitiennes et papales en 1571, rien ne fut fait pour éliminer celle des descendants directs des armées privées des barons, qui semaient les germes du crime organisé de l'époque contemporaine.

Au XVIIe siècle, la Sicile n'était déjà plus que l'ombre d'elle-même lorsque deux terribles catastrophes naturelles la frappèrent. En 1669, une éruption de l'Etna submergea sous la lave la partie occidentale de Catane et détruisit une dizaine de villages. En 1693, quelque 100 000 personnes perdirent la vie dans le séisme le plus meurtrier de tous les temps en Europe.

Ballottée tout au long de la guerre de Succession d'Espagne (1701-1714), l'île revint finalement dans le giron espagnol sous les Bourbons. Epargnée par les campagnes napoléoniennes, elle embrassa avec ferveur les mouvements nationalistes européens de 1848. Les insurrections de Palerme et de Messine furent violemment réprimées, mais la voie était désormais ouverte vers le rattachement de la Sicile au nouveau royaume d'Italie qui se formait dans le nord du pays.

La réunification italienne

La victoire sur les Autrichiens en 1859 accéléra le processus d'unification de l'Italie et inspira à Palerme un nouveau soulèvement contre les Bourbons, en avril 1860. Un mois plus tard, Giuseppe Garibaldi s'élança de Gênes pour la fameuse Expédition des Mille qui allait défier les 20 000 hommes de troupe stationnés en Sicile. Les patriotes aux chemises rouges, quasiment novices dans l'art de la guerre et équipés de fusils rouillés, débarquèrent à Marsala et marchèrent aussitôt sur Calatafimi où ils remportèrent une première victoire. Dès la fin mai, Garibaldi avait pris Palerme où il se proclama le nouveau maître de la Sicile au nom de Victor Emmanuel, roi d'Italie. Avec les renforts arrivés du nord de l'Italie, les patriotes balayèrent l'île et signèrent leur victoire totale et définitive au mois de juillet lors de la bataille de Milazzo. A la mi-août, Garibaldi franchit le détroit de Messine afin d'achever la déconfiture des Bourbons et de rallier au nouveau royaume le sud de la péninsule.

Les nombreux paysans siciliens qui avaient sans hésitation embrassé la cause se prononcèrent massivement pour la réunification lors du référendum organisé en octobre. Toutefois, leurs espoirs furent encore une fois déçus par le nouveau régime: la représentation parlementaire était pour ainsi dire symbolique et, de réforme foncière, il n'était toujours pas question. En dépit de l'impôt qu'elle imposait pour sa «protection», la Mafia apparut dès lors à certains d'entre eux comme un meilleur recours contre les exactions des grands propriétaires que le lointain gouvernement de Rome. Même le héros local du *Risorgimento* Francesco Crispi, Premier ministre dans les années 1880 et 1890, prit le parti de la classe dominante en détachant 30 000 hommes de troupe pour étouffer un soulèvement populaire. De désespoir, des milliers de Siciliens émigrèrent en Amérique au début du XXe siècle.

Guerres et renaissance

L'agriculture sicilienne pâtit de la conquête de la Libye en 1912 et de la Première Guerre mondiale. Avec la prise du pouvoir par Mussolini en 1922, on put croire que la situation s'améliorerait

---

GIUSEPPE DI LAMPEDUSA

Avec son seul et unique roman *Le Guépard*, ce prince natif de Palerme (1896–1957) s'est affirmé comme un authentique aristocrate de la littérature italienne. Son étude psychologique de Don Fabrizio, prince de Salina, dresse un portrait sans complaisance de la Sicile et de sa vieille aristocratie bourbonienne dans les années 1860, à l'époque où son pouvoir s'éteint avec la formation du nouveau royaume d'Italie. Ce noble conservateur éclairé jette un regard très critique sur les faiblesses de sa propre caste, tout en méprisant les bourgeois avides appelés à la remplacer. Pour que les valeurs éternelles de la Sicile survivent, écrit l'auteur, «tout doit changer». On peut juger de la pérennité de ces valeurs dans ce roman qui demeure la meilleure description de ce que l'île renferme de meilleur et de pire.

Scènes du passé

grâce à l'anéantissement de la Mafia. De fait, les fascistes emprisonnèrent des milliers de membres de l'organisation afin de consolider leur propre emprise sur l'île, mais cela avec le concours des grands propriétaires non moins détestés du peuple. Pour soutenir l'expansion coloniale en Afrique, le *Duce* lança une campagne visant à faire de la Sicile le grenier du nouvel empire. La culture intensive du blé eut tôt fait d'épuiser les sols et le déclenchement de la Seconde Guerre mondiale, avec l'occupation allemande, mit quoi qu'il en soit un terme à l'expérience.

Le 10 juillet 1943, les forces anglo-américaines débarquèrent sur la côte sud. Cette première étape de la reconquête alliée mobilisa huit divisions rassemblant plus de 150 000 soldats. Les Siciliens, qui formaient l'essentiel des troupes côtières, ne résistèrent que mollement, peu désireux qu'ils étaient de voir leur île dévastée par des combats prolongés. Les blindés et parachutistes allemands freinèrent toutefois l'avancée des Britanniques vers Catane, cependant que les Américains faisaient marche sur Palerme, qui tomba le 22 juillet avec l'aide de la Mafia locale. Précédés par de terribles bombardements, Américains et Britanniques firent la jonction le 17 août à Messine, mais plus de 60 000 soldats italiens et près de 40 000 Allemands étaient parvenus à se replier sur le continent avec blindés et artillerie.

L'après-guerre fut tout sauf paisible pour les paysans, qui durent affronter à la fois la famine et la violence de la Mafia alliée aux grands propriétaires pour prendre le contrôle des terres. L'autonomie régionale votée en 1946 fut mutilée par la mainmise d'un gouvernement chrétien-démocrate corrompu et inféodé à la Mafia. L'île ne profita guère du miracle économique italien et les subventions de l'Etat comme celles de l'Union européenne ne parvinrent jamais aux groupes et communautés défavorisés auxquels elles étaient en principe destinées.

L'industrie de la construction occupant une place prépondérante dans les affaires «légitimes» de la Mafia, les villes siciliennes connurent une expansion spectaculaire, mais chaotique. Maintenant que le crime organisé commence à régresser sous l'effet de la guerre totale menée par les pouvoirs judiciaires et l'armée italienne, l'île semble trouver un nouveau souffle. De nombreux habitants rompent désormais avec la sacro-sainte *omerta* (la loi du silence) et le tourisme est en plein essor. Symbole de l'ère nouvelle, Palerme a rouvert son Teatro Massimo, l'un des plus grands théâtres lyriques d'Europe.

Tout voir

Palerme, avec la proche cité épiscopale de Monreale, est le point de départ naturel d'une découverte de l'île, notamment de son extrémité occidentale où on visitera Trapani, Marsala et la médiévale Erice. Sur la côte sud, le principal point d'attraction est l'antique cité d'Agrigente. Les voyageurs qui atterrissent à Catane pourront explorer le sud-est depuis l'ancienne métropole grecque de Syracuse ou remonter au nord vers l'Etna, Taormina et Messine, sans oublier les espaces montagneux qui entourent Enna et Caltagirone. Sur la côte nord, on trouvera autour de Cefalú plusieurs lieux de baignade populaires et, de Milazzo, on pourra embarquer pour les îles Eoliennes.

▶ PALERME ET SES ENVIRONS
Le centre médiéval, Autour du palais des Normands,
La ville moderne, Excursions

La première impression en débarquant dans cet ancien port de la côte nord-ouest (688 000 hab.) est celle d'un total chaos. Pourtant, loin des tentacules de la banlieue et enserré par des blocs de bureaux modernes, le centre historique survit. Ici règne encore l'harmonie des édifices légués par les Arabes, les Byzantins, les Normands et les Espagnols. Après des décennies d'abandon et à travers les séquelles de la Seconde Guerre mondiale ressurgit progressivement l'antique élégance de Palerme. En cheminant dans les vieilles ruelles, vous aurez le bonheur de découvrir des trésors à moitié enfouis – fragment d'une façade baroque, subtile ornementation mauresque d'une fenêtre ou d'un porche… Et, sans nul besoin de chercher, vous pourrez vous régaler la vue des pittoresques marchés en plein air ou déguster café, crème glacée et pizza réputés parmi les meilleurs d'Italie, autant dire du monde.

Si vous avez une voiture, mieux vaut la garer hors du centre, par exemple aux environs de la Piazza Castelnuovo, d'où partent les bus pour l'aéroport et où se trouve la principale agence locale de l'Office du Tourisme. (Vous trouverez un autre bureau d'information touristique près de la gare ferroviaire – *Stazione centrale*.) La marche constitue en effet la seule façon sensée d'explorer le labyrinthe des ruelles médiévales du centre. Vous pourrez toutefois vous rendre en bus ou en voiture au palais des Normands et à la cathédrale, aux musées, au vieux port de La Cala ainsi qu'aux divers parcs et jardins périphériques.

Le centre médiéval

Se ramifiant autour des Quattro Canti au cœur de la ville médiévale, le plan d'urbanisation dessiné par les Espagnols au XVIIe siècle a préservé côte à côte les architectures baroque, mauresque et gothique, parfois entremêlées dans un même édifice. Le labyrinthe d'étroites ruelles a manifestement été conçu pour égarer les étrangers, qu'il s'agisse des envahisseurs de l'époque ou des touristes contemporains. Heureusement, on peut toujours s'en sortir en retombant sur l'un ou l'autre des grands axes que sont la Via Maqueda, la Via Roma et le Corso Vittorio Emanuele.

Quattro Canti

«Les Quatre Coins», tel est le nom communément donné au carrefour formé par l'intersection de la Via Maqueda et du Corso Vittorio Emanuele. Œuvre de

---

LES POINTS FORTS

- **Oratoires de Santa Zita, San Domenico** et **San Lorenzo** – petits chefs-d'œuvre du baroque sicilien ornés par Serpotta
- **Palazzo Abatellis** – sa Galleria Regionale abrite quelques-unes des plus belles peintures et sculptures de Sicile
- **Palazzo dei Normanni** – il renferme dans la Cappella Palatina des trésors de l'art européen et islamique
- **San Giovanni degli Eremiti** – superbe église arabo-normande flanquée d'un délicieux cloître
- **Mercato Vucciria** – le plus populaire et le plus animé des marchés de la ville
- **Monreale** – splendides mosaïques byzantines et beau cloître bénédictin dans la cathédrale

LE CENTRE MÉDIÉVAL

l'architecte romain Giulio Lasso, les façades baroques de forme concave qui bordent cette place noircie par les fumées furent construites entre 1608 et 1620. Au-dessus des fontaines ornées de statues allégoriques des Quatre Saisons se dressent celles de quatre vice-rois espagnols et, au-dessus de ces derniers, celles des quatre saintes patronnes de Palerme.

Piazza Pretorio

De l'autre côté de la Via Maqueda en venant de San Giuseppe, cette place possède une splendide fontaine début Renaissance amenée en 1573 de Florence, dont les nymphes dénudées firent scandale à l'époque. Siège du gouvernement de la cité, elle fut désignée par les prudes comme la Piazza Vergogna (place de la Honte). Heureusement, les sculptures de Camillo Camilliani ont survécu à l'indignation populaire.

Piazza Bellini

Cœur de la Palerme médiévale, cette place a conservé, avec ses deux églises dressées sur un talus ombragé, un peu du caractère cosmopolite de l'époque. Bâtie au XIIe siècle, San Cataldo était à l'origine une synagogue. Coiffée de trois petites coupoles rouges et ornée d'inscriptions en arabe, elle présente un intérieur totalement dépouillé à l'exception de la sobre mosaïque qui recouvre le sol et de la croix, de l'agneau et des symboles des évangélistes sculptés sur l'autel.

La Martorana, avec son gracieux clocher et ses hautes fenêtres à meneaux, est un bijou de l'architecture gothique normande. Construite en 1143 à l'initiative de Georges d'Antioche, l'amiral grec orthodoxe du roi Roger II, elle fut enrichie au XVIe siècle d'une façade et d'un porche baroques, après sa cession par les Espagnols à l'ordre des bénédictins. Rendu en 1937 à l'Eglise orthodoxe grecque, cet édifice renferme des mosaïques byzantines qui comptent parmi les plus vieilles de Sicile. Sous le porche, on peut voir Jésus couronnant le roi normand en face duquel se tient son amiral agenouillé devant la Madone. Dans la nef, on a représenté le Christ Pantocrator avec les archanges, les prophètes et les apôtres, ainsi que différentes scènes de sa vie et de celle de Marie.

Mercato Vucciria

Derrière l'église Sant'Antonio, non loin de la Via Roma, se tient le marché le plus populaire et le plus vivant de Palerme. Les magnifiques étalages de poissons, couverts d'espadons, de thons, de calmars et autres pieuvres, sont un gage de la fraîcheur des mets proposés par les restaurants des environs immédiats. Vucciria est aussi un bon endroit où acheter faïences peintes à la main pour la *pasta*, machines à café et autres ustensiles de cuisine typiques.

La Cala

Avant qu'il ne commence à s'envaser au XVIe siècle, le port s'enfonçait jusqu'à la hauteur de la Via Roma. Aujourd'hui, seules quelques barques de pêche sont encore amarrées le long du quai. Cruellement bombardé pendant la Seconde Guerre mondiale, le quartier du port est resté très délabré, mais il recèle toutefois quelques-unes des plus belles églises et chapelles baroques de la ville.

Du côté sud, ouvrant sur le Corso Vittorio Emanuele, la monumentale Porta Felice tient son nom de l'épouse d'un vice-roi espagnol du XVIe siècle. Tout près de là se dresse l'église de Santa Maria della Catena, ainsi baptisée par référence à la chaîne qui fermait le port durant la nuit. Datant également du XVIe siècle, cet édifice offre une remarquable combinaison des styles gothique catalan tardif et Renaissance.

Trois oratoires baroques

Tout près du vieux port, Palerme possède trois oratoires de la fin du XVIe siècle qui servent d'écrins au talent exceptionnel de Giacomo Serpotta (1656–1732), le maître local de l'ornementation en stuc qu'il a portée à un degré de perfection rarement égalé.

L'Oratorio di Santa Zita (Via Squarcialupo) est réputé pour sa profusion d'anges et de figures allégoriques illustrant les mystères du rosaire, mais plus encore pour la prodigieuse représentation de la victoire italienne contre les Turcs à Lepante (1571) qui décore le mur intérieur au-dessus de l'entrée.

L'Oratorio di San Domenico (au nord du Mercato Vucciria) fut construit par les chevaliers de Malte, qu'on y voit représentés avec femmes et enfants. Serpotta a placé le serpent doré qui lui tenait lieu de signature sur la colonne consacrée à la figure allégorique de la Force (la deuxième à droite).

L'Oratorio di San Lorenzo (Via Immacolatella) est considéré comme le chef-d'œuvre de l'artiste. Il renferme dix statues symboliques et huit scènes de la vie et du martyre de saint Laurent, qui fut supplicié sur le gril.

Palazzo Chiaramonte

Situé au sud du vieux port sur la Piazza Marina, ce formidable palais du XIVe siècle fut la résidence de l'une des plus puissantes familles féodales de l'île. Grands bâtisseurs, les Chiaramonte ont donné leur nom à une forme particulière du gothique sicilien, reconnaissable ici aux

LE CENTRE MÉDIÉVAL

La cathédrale de Palerme (Duomo) a subi de nombreuses transformations depuis sa fondation, ce qui explique ses différents styles architecturaux.

façades habilement crénelées et à leurs fenêtres à doubles ou triples meneaux. Le dernier représentant de la dynastie, Andrea, fut décapité devant son palais en 1396 pour sédition contre le pouvoir espagnol. Si la place fut de tout temps le lieu favori des exécutions, les condamnés n'étaient toutefois pas pendus aux fourches des banians qui dominent le Giardino Garibaldi, ainsi que le prétend la tradition populaire.

Le vice-roi espagnol résida dans le palais jusqu'à ce que l'Inquisition en fasse son quartier général en 1601. Les victimes de cette terrible institution ont laissé des peintures, dessins et inscriptions anonymes dans le péristyle aujourd'hui converti en dépendance de l'université.

Musée des Marionnettes

Le Museo Internazionale delle Marionette (Via Butera 1, près du port) perpétue l'antique tradition locale en exposant les héros du théâtre palermitain, mais aussi des pantins et autres personnages animés provenant de Trapani et de Naples ainsi que de l'Inde, de Bali, de Malaisie, de Thaïlande, du Cambodge, de Grèce et de Turquie. En plus des spectacles organisés au musée, où la préférence va aux reconstitutions de sanglantes batailles entre chevaliers chrétiens et envahisseurs arabes, on peut aussi découvrir l'art populaire des marionnettes à l'occasion des représentations estivales données par des théâtres de rue comme l'Opera dei Pupi (Vicolo Ragusi 6, près de la cathédrale) et le Teatro Carlo Magno (en face de l'église Santa Zita).

Galleria Regionale della Sicilia

Remarquablement restauré, le Palazzo Abatellis, capitainerie royale au XVe siècle, abrite aujourd'hui en plein cœur du vieux quartier arabe de La Kalsa (Via Alloro) le principal musée de Palerme. Il présente un panorama de l'art sicilien du Moyen Age au XVIIIe siècle.

Au rez-de-chaussée, on peut admirer de superbes sculptures sur bois arabes (XIIe siècle) et mosaïques byzantines (XIIIe siècle). Les pièces maîtresses, toutes deux du XVe siècle, sont le délicat buste en marbre d'Eléonore d'Aragon dû à Francesco Laurana et une saisissante fresque figurant le *Triomphe de la Mort*.

Au premier étage sont exposés des portraits des Pères de l'Eglise et une admirable *Annonciation de la Vierge* signés par le plus grand des peintres siciliens, Antonello da Messina (1430–1479). On peut y voir également des tableaux notables de Jan Gossaert (Mabuse), Pietro Novelli, Mattia Preti et Francesco Solimena, ainsi que des statues des sculpteurs locaux Domenico et Antonello Gagini.

Autour du palais des Normands

C'est dans le quartier qui s'étend à l'ouest du Corso Vittorio Emanuele, entre le palais des Normands et la cathédrale, que les Phéniciens établirent leur premier comptoir commercial au VIIIe siècle av. J.-C. Les Carthaginois convertirent ce terrain surélevé en une citadelle fortifiée qui fut successivement occupée et restaurée par les Romains, les Byzantins et les Arabes, jusqu'à ce que les Normands en fassent leur résidence royale.

Palazzo dei Normanni

Cet imposant édifice du XIIe siècle, dont la magnificence offrait un cadre parfaitement adapté à la somptueuse vie de cour du roi Roger II et de l'empereur germanique Frédéric II, tomba en décrépitude sous leurs successeurs. Reconstruit aux XVIe et XVIIe siècles par les vice-rois espagnols, il abrite de nos jours le parlement provincial de la Sicile. La plupart des appartements royaux des étages supérieurs sont fermés au public, mais, dans la Salle du roi Roger, on peut admirer de superbes mosaïques (1170) représentant des scènes de chasse.

Capella Palatina

La chapelle royale (1130) du premier étage est le joyau du palais et l'un des plus beaux exemples de l'architecture normande de toute l'Italie. L'intérieur, essentiellement roman, associe de façon admirable les styles européen et arabe. Le magnifique plafond de bois, sculpté en stalactites par des artisans syriens, est un chef-d'œuvre de l'art mauresque. Quant aux chrétiens byzantins, ils ont orné la coupole de sublimes mosaïques figurant diverses scènes de la vie du Christ et de Marie. Les scènes tirées de l'Ancien Testament décorant la nef sont postérieures.

San Giovanni degli Eremiti

Au sud du palais, derrière le portail de fer ouvrant sur la Via dei Benedettini, on aperçoit les cinq dômes de couleur rose de Saint-Jean-des-Ermites, autre exemple remarquable de fusion arabo-normande. Aujourd'hui désaffectée, cette église fut bâtie au XIIe siècle à l'emplacement d'une mosquée du Xe siècle, dont subsistent quelques vestiges. Une partie du verger qui agrémentait la mosquée fut convertie en un charmant cloître bénédictin à double colonnade.

Duomo

Dressant sa masse imposante en retrait du Corso, cet édifice hybride a subi de nombreuses transformations depuis sa fondation en 1185 par l'archevêque anglais de Palerme Walter of the Mill (Gualtiero Offamilio pour les Italiens). A l'instar de tant d'églises où se superposent les multiples strates de l'histoire locale, la cathédrale fut à l'origine érigée à la place d'une mosquée elle-même bâtie sur le site d'une ancienne basilique chrétienne qui avait intégré quelques colonnes d'un temple romain. L'harmonieuse géométrie des absides normandes crénelées a subsisté sur la façade qui fait face à la Piazza dei Sette Angeli. Le porche sud, de style gothique catalan, est une adjonction du XVe siècle, le majestueux dôme néo-classique datant pour sa part du XVIIIe siècle, époque à laquelle l'intérieur fut entièrement modifié. La cathédrale renferme les tombes de seigneurs normands et germaniques de la Sicile, notamment celles de Roger II et de Frédéric II.

La ville moderne

La Via Maqueda marque la limite de l'expansion urbaine vers le nord aux XIXe et XXe siècles. C'est sur cette artère, appelée tout d'abord Via Ruggero Settimo, puis Viale della Liberta, que la riche bourgeoisie choisit de bâtir ses agréables villas ainsi que les théâtres et l'Opéra destinés à son divertissement.

LA VILLE MODERNE

Teatro Massimo

Avec son dôme monumental et sa façade ornée de six colonnes corinthiennes, cet imposant théâtre néo-classique dessiné en 1875 par Giovanni Battista Basile et achevé en 1897 par son fils Ernesto se dresse sur la Piazza Giuseppe Verdi comme un véritable autel à la passion populaire pour l'art lyrique. Sa somptueuse salle à cinq étages peut accueillir quelque 3200 spectateurs, ce qui en fait l'un des plus grands Opéras d'Europe. Après avoir pâti un demi-siècle durant des dommages de la guerre, de la négligence des autorités et des machinations de la Mafia, ce symbole de la renaissance palermitaine a rouvert ses portes en 1997, soit 100 ans exactement après son inauguration.

Museo Archeologico

Jouxtant la poste centrale sur la Via Roma, le principal musée archéologique de Sicile a été aménagé dans les bâtiments du couvent désaffecté de Sant'Ignazio all'Olivella, fondé au XVIIe siècle. Il couvre toute la période de l'histoire sicilienne s'étendant de l'âge de la pierre à la fin de l'Empire romain au IVe siècle et présente également des pièces égyptiennes et étrusques prêtées par des collectionneurs privés.

La première des cours intérieures abrite un riche assortiment d'ancres anciennes et autres antiquités nautiques recueillies sur des épaves échouées au large des côtes. Dans les premières salles du rez-de-chaussée, on découvrira des tablettes de pierre, des sarcophages et des sculptures provenant des Phéniciens et de leurs partenaires commerciaux égyptiens. Exposés à ce même niveau, les principaux trésors du musée ont été mis au jour dans les temples grecs de Sélinonte, à l'extrémité occidentale de l'île: marbres et bronzes, métopes

---

ÉDIFICES ART NOUVEAU

Les quartiers modernes recèlent plusieurs bâtiments de la période Art Nouveau, un style connu des Italiens sous le nom de *Liberty*. Cette architecture mêlant fer ouvré, bois et ornementations en verre fut popularisée à Palerme par Ernesto Basile (1857–1932), qui agrémenta la façade du Teatro Massimo de deux kiosques Liberty. Sa réalisation la plus fameuse est la Villa Igeia située à Acquasanta, au pied du Monte Pellegrino (le bâtiment abrite aujourd'hui un hôtel). Autres exemples intéressants de ce style: la Villa Favalano Di Stefano (Piazza Virgilio), la Villa Malfitano (Via Dante 167), ceinte de superbes jardins, ou encore le Villino Basile (Via Siracusa 13).

(fragments de frise), figurines de terre cuite polychromes, céramiques et bijoux. Pièces particulièrement remarquables: une métope de *Persée et la Gorgone* (560 av. J.-C.) et le bronze *Éphèbe de Sélinonte* (480 av. J.-C.).

Le premier étage abrite des œuvres plus tardives de la période hellénique, notamment un bélier en bronze de Syracuse (IIIe siècle av. J.-C.), ainsi que des sculptures romaines parmi lesquelles se distingue un magnifique *Hercule au cerf* (IVe siècle de notre ère) inspiré d'un modèle grec. Les mosaïques romaines et la poterie grecque sont à l'étage supérieur, en compagnie de la collection préhistorique.

Fondazione Mormino

Sise au n° 52 du Viale della Liberta, dans la grandiose Villa Zito, cette Fondation expose une belle collection archéologique comprenant des pièces qui remontent au VIe siècle avant J.-C. On peut y admirer également de remarquables gravures du XVIe siècle représentant des cartes et des paysages de la Méditerranée et de la Sicile.

Excursions

Des bus municipaux desservent le Monte Pellegrino, les plages de Mondello et la cité épiscopale de Monreale située au-delà de la fertile vallée de la Conca d'Oro qui s'étend au sud-ouest de Palerme. En poussant un peu plus loin au sud, vous pourrez visiter l'antique communauté albanaise de Piana degli Albanesi ou le bourg mondialement connu de Corleone, fief de la Mafia. En suivant le littoral, vous découvrirez peu après avoir quitté les banlieues orientales de la ville la cité gréco-romaine de Solunte et les palais édifiés à Bagheria par l'ancienne noblesse palermitaine. Et, au large de la côte, vous attend l'île volcanique d'Ústica.

Parco della Favorita

Les touristes comme les Palermitains qui souhaitent échapper à l'agitation du centre peuvent gagner ce parc situé au pied du Monte Pellegrino (accès par Porta Leoni) – le plus vaste de la ville avec ses 400 hectares. Cette délicieuse étendue boisée fut choisie en 1799 comme terrain de chasse et de pêche pour Ferdinand III d'Espagne après son expulsion de Naples par les armées napoléoniennes (La Favorita était son épouse Maria Carolina). Le parc renferme de nos jours plusieurs stades de sport ainsi que des jardins paysagers et une monumentale Fontaine d'Hercule. Le pavillon chinois (Palazzina Cinese) était jadis la résidence d'été de Ferdinand, qui y accueillit notamment l'amiral Nelson et Lady Emma Hamilton.

EXCURSIONS

Museo Etnografico Pitre

Les quartiers des domestiques jouxtant le pavillon chinois du Parco della Favorita ont été convertis en un musée consacré au folklore sicilien. Costumes, jouets et instruments de musique y côtoient des ustensiles de chasse, de pêche et de broderie. On peut également y voir quelques beaux carrosses du XVIIe siècle.

Monte Pellegrino

Aujourd'hui enserrée par les tentacules de la métropole, cette imposante éminence fut autrefois célébrée par Goethe comme «le plus beau promontoire du monde». A la lisière de la pinède se dresse le sanctuaire du XVIIe siècle dédié à Santa Rosalia, sainte patronne de Palerme. On prête à l'eau qui ruisselle sur les murs de ce lieu de pèlerinage très fréquenté des vertus curatrices miraculeuses. Du sommet (606 m), qu'on atteint en 45 minutes de marche, vous jouirez d'une vue admirable sur la baie de Palerme au sud et sur les montagnes qui s'élèvent à l'ouest. Les grottes d'Addaura, situées sur le flanc nord, comptent parmi les plus anciens établissements humains de l'île, avec des traces remontant à une dizaine de milliers d'années. On peut voir au Musée d'Archéologie de Palerme des outils et autres objets de pierre taillée ainsi que des moulages de gravures rupestres provenant de ces sites.

Mondello

Au nord du Monte Pellegrino, les plages favorites des Palermitains s'étirent sur 2 km, bordées d'attirants restaurants de spécialités de la mer. Le soir, les indigènes s'adonnent à la traditionnelle *passeggiata* sur le front de mer, dans l'air saturé par le vrombissement des vespas et les trépidations obsédantes des discothèques à ciel ouvert.

Santo Spirito

Niché dans le cimetière de Sant' Orsola, au sud-ouest de la gare centrale, cet austère édifice normand du XIIe siècle est également connu comme «l'église des Vêpres». C'est ici en effet que, le lundi de Pâques 1282, sonnèrent les cloches donnant le signal du soulèvement contre les Français, une révolte qui est restée dans l'histoire sous le nom de Vêpres siciliennes.

Monreale

Située à 8 km au sud-ouest de Palerme, dont elle est séparée par la fertile vallée de la Conca d'Oro, cette cité épiscopale est un des trésors du patrimoine architectural sicilien. Guillaume II y fonda en 1174 une abbaye bénédictine afin de contrer les ambitions de

Baignant dans une lumière dorée, le Christ Pantocrator de la cathédrale de Monreale semble embrasser toute l'église.

l'archevêque anglais Walter of the Mill qui, deux ans auparavant, avait entrepris la construction de sa cathédrale à Palerme. En 1183, Monreale (la Montagne royale) devint un archevêché avec l'achèvement de la somptueuse église de Santa Maria la Nuova, deux ans avant la consécration de la cathédrale rivale.

Tenue pour l'un des plus beaux édifices médiévaux d'Italie, la cathédrale normande est en effet un véritable florilège des arts roman, byzantin et arabe. Dans la partie arrière (entrée Via dell'Arcivescovado), vous admirerez le magnifique chœur en calcaire roux et en pierre volcanique noire, la triple abside aux arches élégamment entrelacées, les délicates rosaces et les fenêtres dans le style mauresque. En franchissant le porche rajouté au XVIIIe siècle à la façade ouest, sur Piazza Guglielmo II, vous découvrirez deux monumentales portes de bronze (1185) dues à Bonanno Pisano, à qui est attribuée la fameuse tour penchée de Pise. Le véritable trésor de l'église, cependant, ce sont les mosaïques des XIIe et XIIIe siècles dont le fond doré embrase littéralement l'intérieur de l'édifice (entrée Piazza Vittorio Emanuele). Exécutées par des artistes vénitiens et byzantins secondés par des artisans locaux, elles illustrent les miracles de Jésus et autres scènes de l'Ancien Testament.

La longue ascension de la tour sud-ouest vous récompensera par un point de vue magnifique sur le cloître. Ce dernier est tout ce qui reste de l'abbaye bénédictine (entrée Piazza Guglielmo II). Typiquement mauresque dans son architecture, il offre un séduisant mélange de recueillement et de sensualité orientale avec son jardin foisonnant de plantes exotiques. Les colonnes doubles soutenant les arches sont surmontées de chapiteaux tous différents, dont les dosserets sculptés illustrent des scènes de la Bible et de la mythologie. A côté de la fontaine arabe qui occupe l'angle sud du cloître, on peut voir Guillaume II offrant l'église de Monreale à la Vierge.

Piana degli Albanesi

Fuyant une invasion turque, une communauté albanaise s'établit ici au XVe siècle. Elle a depuis préservé sa langue, ses coutumes et sa foi orthodoxe. Située à une heure de route de Palerme, entourée de vertes collines, la ville s'étend au bord d'un charmant lac artificiel. Le meilleur moment pour la visiter est la période des Pâques orthodoxes, quand les fidèles revêtent leurs costumes traditionnels – noirs à parements d'or et d'argent pour Vendredi-Saint, plus colorés le jour de Pâques. Des trois églises bordant le Corso Kastriota, la plus notable est celle de San Demetrio (fin du XVIe siècle), avec ses fresques de Pietro Novelli. Au n° 213 de la même rue, la Mostra Etnografica expose les costumes traditionnels et autres éléments du folklore albanais.

Corleone

A une heure de Piana degli Albanesi, vous découvrirez la ville qui a donné son nom au *Parrain* créé par le romancier Mario Puzo et adapté au cinéma par Francis Ford Coppola. Au cours des 50 dernières années, elle a effectivement servi de repaire à plus d'un *capo di tutti i capi* de la Mafia. Le décor d'éperons rocheux sculptés par des siècles de glissements de terrain et d'érosion dans lequel elle est nichée ne manque pas d'allure. Pour le reste, la légendaire bourgade surprend par sa normalité. Dans les rues où se dressent deux belles églises baroques – Chiesa Madre et Santa Rosalia – déambulent des citoyens tout ce qu'il y a de plus ordinaires en apparence (pas de renflements suspects sous l'aisselle…). Toutefois, mieux vaut s'abstenir de les prendre en photo.

Bagheria

A la limite de la disgracieuse banlieue orientale de Palerme se dressent les élégantes villas baroques de la noblesse locale des XVIIe et XVIIIe siècles (pour les visites, s'adresser aux gardiens). La mode fut lancée en 1658 par le prince Giuseppe Branciforte avec sa Villa Butera. La plus notable de ces résidences est la Villa Palagonia (Piazza Garibaldi), ornée d'une profusion de sculptures grotesques. On prétend que les nains, géants et autres monstres commandés par le prince Ferdinand de Palagonia, lui-même bossu, sont autant de caricatures des amants de sa femme. Le même architecte, Tommaso Napoli, a conçu dans un esprit plus gracieux la plus opulente des villas de Bagheria, celle de Valguernara ; située sur la droite de la place, elle est hélas rarement ouverte au public. A l'entrée de la localité, la Villa Cattolica héberge un musée d'art moderne consacré principalement aux œuvres de Renato Guttuso (1912–1987) et à ses contemporains siciliens.

Solunte

La cité gréco-romaine exhumée au nord-est de Bagheria fut fondée au VIIIe siècle av. J.-C. par les Phéniciens. Sur l'agréable site de Monte Catalfano qui surplombe la mer, on a mis au jour des villas patriciennes et leurs réservoirs à eau, une école, un théâtre et une place de marché. Un musée aménagé à l'entrée expose certains des objets découverts dans les fouilles, d'autres étant rassemblés au Musée d'Archéologie de Palerme.

Ústica

Un trajet de 70 minutes en hydroglisseur vous conduira de la Stazione Marittima de Palerme à cette petite île, sommet émergé d'un volcan aujourd'hui inactif. D'une superficie de 8,6 km², elle doit son nom (du latin *ustum,* qui signifie «brûlé») à la couleur noire de son sol et de ses rochers. La fertilité de cette terre volcanique produit un agréable vin rosé, du blé, différentes variétés de figues, des olives ainsi que des saules à partir desquels les habitants tressent de jolis paniers. Au cours des siècles, Ústica a servi successivement de repaire de pirates et de prison pour les renégats carthaginois, puis pour les prisonniers politiques des Bourbons espagnols et des fascistes italiens. De nos jours, ses criques protégées et ses quelques plages de sable en font un lieu de baignade idéal, et sa Réserve marine un site de plongée très apprécié. Au-dessus du port, dans la Torre di Santa Maria, se trouve un intéressant Musée d'Archéologie sous-marine où sont présentés des vestiges d'épaves phéniciennes, grecques et romaines ainsi que de la cité engloutie d'Osteodes.

L'OUEST

Golfo di Castellammare, Álcamo, Ségeste, Trapani, Erice, Iles Egades, Mozia, Marsala, Mazara del Vallo, Sélinonte, Castelvetrano

Région de l'île la plus éloignée du continent, la Sicile occidentale est toujours restée à l'écart des sentiers battus. Elle a aussi été davantage marquée par les incursions phéniciennes et arabes que par les occupations grecque et normande qui ont modelé le reste de l'île. La pêche au thon et la culture du blé ont longtemps constitué les principales sources de revenus de cette région, que son éloignement a en outre protégé plus tard contre les méfaits de l'industrie touristique, comme en témoigne notamment la Réserve naturelle Zingaro, sur le golfe de Castellammare. La cité portuaire de Trapani est le point de départ des bateaux à destination des îles Egades. Mozia fut jadis un des principaux comptoirs phéniciens, Marsala et Mazara del Vallo ont toutes deux une origine arabe. Les Grecs ont toutefois laissé une empreinte notable dans cette région avec les admirables temples de Ségeste et de Sélinonte. Et, à Erice, les Normands ont bâti une cité médiévale remarquablement préservée, elle aussi protégée des ravages de la modernité par sa situation isolée sur une colline dominant Trapani.

Golfo di Castellammare

Entre Punta Raisi (où se trouve l'aéroport de Palerme) et Capo San Vito, les plages de la baie dessinent une large courbe au pied des saisissants sommets en dents de scie des monts Mazara. Certaines des agglomérations les plus orientales, comme Terrasini, ont été sacrifiées au développement industriel, mais, plus à l'ouest, de paisibles localités telles que Trappeto et Balestrate continuent d'attirer les vacanciers palermitains.

Castellammare del Golfo

Principal centre de villégiature du golfe avec ses belles plages de sable, Castellammare fut à l'origine le port commercial de Ségeste et Erice, jusqu'à sa conquête par les Arabes. Les ruines qui dominent les charmants cafés et villas du bord de mer sont celles d'un château aragonais du XVIe siècle. La petite église du Rosaire possède un splendide porche de la même époque.

Sous l'église San Giovanni de Marsala se trouve un puits dont l'eau est réputée procurer le don de seconde vue.

Scopello

De Castellammare del Golfo, un trajet d'une dizaine de kilomètres vers le nord-ouest vous mènera, à travers un saisissant paysage de montagnes offrant par instants de spectaculaires plongées sur la mer, jusqu'à cet ancien centre de la pêche au thon. Autour d'une petite anse hérissée de roches déchiquetées *(faraglioni)*, vous découvrirez les vestiges de l'usine. Les nageurs prisent particulièrement ses eaux translucides épargnées par la pollution. Derrière l'usine, une route en lacets grimpe au village de Scopello pelotonné autour de son manoir fortifié *(baglio)* du XVIIIe siècle. La placette du baglio est entourée de cafés, de boutiques d'artisanat et de galeries d'art.

Riserva Naturale dello Zingaro

Ce parc est la plus ancienne et la plus sauvage des réserves naturelles de la Sicile. Les deux points d'accès (depuis Scopello au sud ou depuis San Vito Lo Capo au nord) sont reliés par un superbe chemin pédestre de 7 km s'étirant au sommet des falaises à travers une profusion d'arbres et de plantes odorantes dont les botanistes ont dénombré plus de 700 variétés. Des pistes s'enfoncent vers l'intérieur en direction du Monte Speziale (913 m). Les ornithologues distingués pourront reconnaître une quarantaine d'espèces d'oiseaux migrateurs ou indigènes, parmi lesquels des crécerelles, des aigles et des faucons pèlerins. On a exhumé dans la partie nord du parc des vestiges d'établissements humains de l'âge de la pierre. Du côté de la mer, quelques sentiers bien indiqués permettent de gagner de petites anses pour une baignade en toute tranquilité.

San Vito Lo Capo

La belle plage de sable blanc constitue le principal attrait de cette station agréablement située, dont les bars et trattorie sont très appréciés des Palermitains. Les bassins à poisson en pierre situés au large de l'ancienne usine de transformation du thon sont des vestiges de l'époque romaine.

LES POINTS FORTS

- **Réserve naturelle Zingaro** – la nature dans toute sa virginité
- **Ségeste** – temple grec et théâtre romain très bien préservés
- **Erice** – ancienne place forte des Elymes
- **Marsala** – capitale de la région de production du fameux vin
- **Sélinonte** – les ruines les plus évocatrices de la Sicile

Álcamo

Prospère communauté agricole au temps des Normands, Álcamo perpétue son ancienne vocation grâce à l'abondant vignoble qui l'environne. Le jardin public de Piazza della Repubblica est dominé par le château soigneusement restauré des comtes de Modica, datant du XIVe siècle. Le long du Corso VI Aprile, jadis Strada Imperiale (Voie impériale), se dressent d'imposantes églises baroques: Chiesa Madre, Santi Cosma e Damiano et San Francesco d'Assisi, cette dernière renfermant de belles sculptures d'Antonello Gagini. Admirez également le porche gothique richement orné de San Tommaso (XIVe siècle).

Ségeste

Voici plus de 3000 ans, les Elymes bâtirent ici l'une de leurs plus grandes cités, dans le cadre idyllique des monts boisés de Mazara. Après avoir ravi à Sélinonte la suprématie sur la Sicile occidentale, Ségeste, entre-temps hellénisée, fut détruite au IVe siècle av. J.-C. lors des luttes qui opposèrent les gouverneurs de Syracuse aux Carthaginois. S'en rapportant à Virgile qui affirmait que Ségeste avait été fondée par le prince troyen Enée, père mythique des Romains, ces derniers lui redonnèrent vie en tant que centre de négoce rattaché au port de Castellammare. Un magnifique temple et un théâtre admirablement situé ont survécu aux dévastations ultérieures des Vandales.

Le temple

Erigé au pied du Monte Barbaro, le temple dorique de Ségeste, avec son entablement, son fronton et ses 36 colonnes en pierre couleur de miel, est dans un état de conservation miraculeux. Pas trace toutefois de sanctuaire intérieur ni de toiture. Deux théories s'affrontent à ce sujet: l'une prétend que la construction fut interrompue par le conflit avec Sélinonte, l'autre que l'édifice était voué à un culte élymien dans lequel les temples étaient dépourvus d'autels et de toits.

Le théâtre

Une délicieuse balade d'une vingtaine de minutes à travers buissons odorants et fleurs sauvages – ou une navette en minibus pour les paresseux – vous conduira au théâtre édifié au sommet d'une colline par les Romains après leur conquête du site lors des guerres puniques (IIIe siècle av. J.-C.). Contrairement à l'habitude, les gradins furent ici orientés vers le nord afin que le public puisse profiter de l'exceptionnel panorama s'offrant sur la plaine et la mer. Les sièges en calcaire blanc ont été directement

Le temple de Ségeste se dresse, solitaire et splendide, sur une colline cernée d'une profonde vallée.

taillés dans le rocher. Si rien ne subsiste des piliers et des arches du proscenium, on a en revanche mis au jour derrière la scène des éléments de maçonnerie provenant vraisemblablement d'un édifice sacré remontant au Xe siècle av. J.-C.

Trapani

Sur l'étroite péninsule en forme de faux qui lui a donné son nom (du phénicien *Drepanon*), le principal port de ferries de la côte occidentale renferme un riche centre historique où se mêlent gothique, Renaissance et baroque. Après avoir servi, au temps des Elymes, de port à la ville d'Erice, Trapani devint un important centre de négoce pour les Phéniciens, les Arabes et les Espagnols. Plus près de nous, la ville dut sa prospérité à ses chantiers navals, à la pêche au thon et à ses vastes salines. Fameuse pour ses fruits de mer, elle constitue la base idéale pour visiter les îles Egades, Erice et Marsala.

Centro storico

Principale artère de la péninsule, le Corso Vittorio Emanuele est bordé de gracieux palais et églises baroques en pierre rose. A l'extrémité orientale se dressent le Palazzo Senatorio (1701) et la Torre dell'Orologio (XIIIe siècle). Un peu plus loin, admirez l'opulente façade de la Chiesa del Collegio et, à l'intérieur, les scènes de la Bible en stuc et l'*Immaculée Conception* en marbre d'Ignazio Marabitti qui orne l'abside. Dotée elle aussi d'une remarquable façade, la cathédrale s'enorgueillit de sa *Crucifixion* due à un artiste local, Giacomo Lo Verde. A l'intérieur de la Chiesa del Purgatorio située dans une rue transversale, on peut voir les impressionnantes sculptures en bois *(Misteri)* du XVIIIe siècle utilisées lors des cérémonies de la Passion qui animent chaque année la cité. La Torre dei Ligny, une tour de guet espagnole située à l'autre extrémité du Corso, abrite le Musée de la Préhistoire.

Niché au cœur de l'ancien ghetto, au nord du Corso Italia, le Palazzo della Giudecca est l'un des plus importants édifices de la communauté juive de Sicile. Résidence d'une riche famille de négociants du XVIe siècle, les Ciambra, elle offre une illustration exemplaire de l'architecture plateresque de la Renaissance espagnole.

Santuario dell'Annunziata

Fondée en 1332, cette abbaye carmélite qui abrite aujourd'hui le principal musée d'art local est l'édifice le plus imposant de Trapani. Plusieurs fois reconstruite jusqu'au XVIIIe siècle, elle a conservé la rosace et le porche de sa façade gothico-normande d'origine. Le massif clocher date de 1650. Du côté droit de la nef (entrée Via Pepoli), la chapelle des Pêcheurs du XVe siècle se distingue par ses voûtes gothiques et par les fresques ornant sa coupole octogonale. Plus loin sur la gauche, la chapelle des Marins mêle des éléments Renaissance et gothique à des sculptures de style arabo-normand reproduisant le motif de coquillage de la façade. Derrière le maître-autel se dresse une monumentale arche Renaissance en marbre décorée par Antonello et Giacomo Gagini. Elle mène à la chapelle de la Madone dont l'autel est surmonté d'une belle *Madone à l'Enfant* attribuée à l'atelier de Nino Pisano.

Museo Pepoli

Parmi les sculptures exposées au rez-de-chaussée, on admirera des œuvres arabes et byzantines ainsi qu'un bronze de Giacomo Serpotta et de remarquables pièces signées Antonello Gagini. Un grandiose escalier de marbre polychrome conduit à la section peinture, où se distinguent un polyptique anonyme du XIVe siècle représentant la *Madone à l'Enfant* et une *Pieta* exécutée en 1380 par Roberto Oderisio. L'art du continent est représenté par un *Saint François* du Titien et par des œuvres de Ludovico Carracci, Ribera, Mattia Preti et Salvator Rosa. Le musée possède également une riche section consacrée aux arts décoratifs locaux.

Erice

Cette cité enchanteresse n'est qu'à un jet de pierre de Trapani ; pourtant, un monde la sépare de la fébrile ville portuaire. L'atmosphère médiévale qui la baigne aujourd'hui masque une histoire vieille de trois millénaires. Environnée de forêts et de vignobles, elle forme sur la montagne (751 m) un triangle équilatéral presque parfait réputé symboliser le mont de Vénus, en hommage à la déesse de la fécondité (Aphrodite pour les Grecs). Ici, les Elymes bâtirent un sanctuaire fameux dans tout le bassin méditerranéen. Les Phéniciens fortifièrent la ville au VIIIe siècle av. J.-C., puis les Grecs lui donnèrent le nom du légendaire roi des Elymes, Eryx, fils d'Aphrodite. Le grand temple sur les ruines duquel les Normands édifièrent plus tard un château servait de repère aux navigateurs de passage.

Chiesa Matrice

Toute proche de la majestueuse Porta Trapani, l'église consacrée à la Madone de l'Assomption fut érigée en 1314 et restaurée, en particulier à l'intérieur, au XIXe siècle. Bâti avec des blocs de granit provenant de l'ancien temple d'Aphrodite, cet imposant édifice possède de formidables murailles crénelées, un superbe porche gothique et un clocher isolé qui servait de tour de guet.

Les fortifications

Jalonnées de bastions rectangulaires, les principales fortifications s'étirent vers le nord-est de la Porta Trapani à la Porta Spada. Les énormes mégalithes de la base, qui furent consolidés par les

---

LA MATTANZA

Pour les âmes sensibles, mieux vaut sans doute s'initier à la mise à mort traditionnelle du thon sur les céramiques exposées au Museo Pepoli de Trapani. Les amateurs de scènes violentes pourront assister au sanglant massacre des poissons dans le port de Favignana ou dans d'autres villages de pêcheurs de la côte – un rituel hebdomadaire durant les mois de mai et juin. La capture de l'énorme poisson (il peut atteindre 4,3 m et peser jusqu'à 800 kg) est en soi un tour de force. Une fois attrapé, le thon est empalé sur un harpon géant, halé sur le bateau puis battu à mort. Plutôt que la brutalité, les pêcheurs mettent en avant l'habileté requise par cette dernière opération qui permet de tuer l'animal sans gâter sa chair.

Romains et par les Normands, portent encore des inscriptions phéniciennes datant du VIIIe siècle av. J.-C.

Corso Vittorio Emanuele

La principale artère de la ville est bordée de palais et d'églises parmi lesquelles se distingue plus particulièrement celle de San Salvatore, avec ses vitraux et son porche gothiques. En grimpant vers l'Hôtel de Ville, vous traverserez la charmante Piazza Umberto I. Tout près de là se trouve le Centre culturel Ettore Majorano, aménagé dans un ancien monastère. Exactement au centre du triangle dans lequel s'inscrit la cité se dresse l'église San Pietro. Dans cette ville marquée par la spiritualité, les ruelles les plus étroites de la Sicile – la plupart n'autorisent même pas deux personnes à marcher de front – conduisent à des dizaines d'édifices religieux. Certains d'entre eux ont été transformés en magasins, cafés ou trattorie.

Museo Cordici

Exposée dans le bâtiment de l'Hôtel de Ville, la collection archéologique municipale rappelle les origines antiques d'Erice à travers les personnages phéniciens et grecs en terre cuite ainsi qu'une petite tête d'Aphrodite datant du IVe siècle av. J.-C. La plus intéressante des œuvres postérieures est une sculpture en marbre de l'*Annonciation* (1525) due à Antonello Gagini.

Castello di Venere

Perché sur un promontoire rocheux à l'angle sud-est de la ville, ce château normand des XIIe et XIIIe siècles doit son nom au fait qu'il fut édifié sur le site de l'ancien sanctuaire dédié à Vénus (Aphrodite). Comme pour la Chiesa Matrice, ses bâtisseurs ont d'ailleurs recyclé une grande partie des pierres du temple originel, dont on a mis au jour un puits sacré et d'autres éléments. Du sommet, on jouit d'une vue superbe sur Trapani et ses salines ainsi que sur les îles Egades. La citadelle recèle un parc dans le style anglais (Giardino del Baglio) aménagé au XIXe siècle; à la même époque, une tour normande fut convertie en villa (Torretta Pepoli).

Iles Egades

Par ferry ou, plus vite encore, par hydroglisseur, on peut aisément faire dans la journée le voyage à Favignana, Levanzo et Marettimo depuis Trapani. Ces îles servirent jadis de postes commerciaux pour les marchands génois. De nos jours, la principale source de revenus demeure la pêche au thon, dont le féroce matraquage (la *mattanza*) attire régulièrement des foules de touristes.

ILES EGADES • MOZIA • MARSALA

Favignana
Cette île est la plus proche de Trapani et aussi la plus populaire avec sa profusion de bars et trattorie et la plage de sable de Cala Burrone, sur la côte sud.

Levanzo
Chèvres et moutons paissent paisiblement sur la plus petite des trois principales îles de l'archipel. Sur la côte nord-ouest, la Grotta del Genovese, principale attraction de Levanzo, recèle des peintures rupestres vieilles de 6000 à 10000 ans.

Marettimo
Les amoureux de la nature prisent particulièrement cette île écartée et sauvage. On peut s'y baigner sur les plages désertes, flâner dans les pinèdes, découvrir au détour du chemin quelques ruines romaines, une église byzantine ou les vestiges d'une forteresse arabe. Ici, ni pêche industrielle ni mattanza, ni même un hôtel – rien que quelques barques et une trattoria pour se restaurer.

Mozia
C'est sur la jolie petite île de San Pantaleo, située à une quinzaine de kilomètres au sud de Trapani, que se dressent les ruines de la cité de Motya – Mozia en italien. Datant du VIIIe siècle av. J.-C., elle fut l'un des trois grands comptoirs commerciaux phéniciens avec ceux de Palerme et Solunte. Détruite en 397 av. J.-C. par le gouverneur grec de Syracuse Denys Ier, elle fut redécouverte 2000 ans plus tard et mise au jour au XIXe siècle seulement par Joseph Whitaker, un négociant anglais de vin de Marsala. Surgissant des eaux peu profondes de la lagune de Stagnone, les principaux vestiges sont des restes de fortifications érigées au Ve siècle av. J.-C. durant les guerres gréco-carthaginoises, des dallages en mosaïque de maisons patriciennes, un petit port et un cimetière. La villa de la famille Whitaker abrite aujourd'hui un musée exposant des bijoux et autres objets retrouvés sur le site, dont un superbe *Aurige* grec en marbre du Ve siècle av. J.-C.

Marsala
Surtout connu pour le vin de dessert qu'y lancèrent au XVIIe siècle des négociants anglais, ce port fut établi à la fin du IVe siècle av. J.-C. par des Phéniciens qui avaient fui la cité de Motya, à une dizaine de kilomètres plus au nord.

Piazza della Repubblica
Sur cette place qui s'étend au sud de la Via XI Maggio, le Palazzo Senatorio commencé en 1576 et l'imposante cathédrale dédiée en 1628 à l'archevêque de Canterbury Thomas plantent avec pana-

che le décor Renaissance et baroque qui prédomine dans la ville. Le souvenir de l'ère arabe reste toutefois très présent dans le lacis des ruelles environnantes.

Museo degli Arazzi
Aménagé dans la Via Garraffa, derrière la cathédrale, ce musée recèle huit tapisseries flamandes du XVe siècle évoquant la prise de Jérusalem par les Romains sous les empereurs Vespasien et Titus.

Porta Garibaldi
Bâtie en 1685, cette monumentale porte gardant l'entrée sud-ouest de la ville a été rebaptisée en hommage à Giuseppe Garibaldi, dont le débarquement en mai 1860 à Marsala marqua le début de la campagne de libération de la Sicile. De même, la Via dei Mille perpétue la mémoire du millier de «Chemises rouges» qui composaient l'expédition. L'actuel Hôtel de Ville (Municipio) était autrefois le quartier général des troupes espagnoles (1577).

Museo Archeologico
Situé sur le Cap Boeo ou Lilibeo, du nom romain de la ville Lilibaeum, le Musée d'Archéologie renferme une belle collection de pièces romaines et phéniciennes. La plus imposante est un navire de guerre phénicien coulé par les Romains au large des îles Égades en 241 av. J.-C., lors de la première guerre punique. Récupérée en 1979 par des archéologues britanniques, cette embarcation était mue par 68 rameurs. Source de perplexité pour les chercheurs, les clous qui l'assemblent sont pratiquement intacts après un séjour de 2200 ans dans l'eau de mer.

Le vin
Vous pourrez goûter le fameux Marsala dans tous les bars et restaurants de la ville et en acheter des bouteilles dans les beaux entrepôts *(bagli)* du XIXe et du début du XXe siècle qui jalonnent la Via Boeo et le Lungomare Mediterraneo. Les négociants britanniques ont cédé la place aux Italiens, notamment Marco de Bartoli, Florio et Pellegrino, qui tous proposent des visites avec dégustation, sans obligation d'achat. Deux musées sont consacrés à la boisson locale: l'Enoteca, sur la Via Circonvallazione, et l'Enomuseum, sur la route côtière qui descend vers le sud.

Mazara del Vallo
Situé à une demi-heure de route de Marsala, Mazara del Vallo est l'un des plus importants ports de pêche d'Italie. Cet ancien comptoir phénicien fut l'une des premières villes conquises par les Arabes après leur débarquement au Cap Granitola en 827. Capitale du plus grand de leurs trois dis-

tricts administratifs, elle a gardé à l'est de son *centro storico* quelque chose d'une casbah nord-africaine.

Port et quartier tunisien

C'est au petit matin que la ville est la plus animée, quand les quelque 200 chalutiers qui composent sa flotille de pêche ramènent leurs prises – un cinquième du total national. En retrait du port, des immigrés tunisiens ont repris possession du labyrinthe de ruelles et de courettes qui s'étend sur la rive gauche du canal: comme autrefois, on s'y adonne avec passion au trictrac en sirotant du thé et en fumant le *houka*.

San Nicolo Regale

Le dôme en bulbe et l'abside crénelée de cette petite église du XIe siècle dominant le quartier tunisien rappellent les édifices arabonormands de Palerme. A l'intérieur, des travaux de restauration ont mis au jour des mosaïques romaines.

Piazza della Repubblica

Abstraction faite du moderne Hôtel de Ville, cette place dessine au centre de la ville un décor baroque monumental avec le Seminario dei Chierici au sud, le Palazzo Vescovile au nord et le Dôme à l'est. La cathédrale a été reconstruite en 1690, seule l'abside subsistant de l'édifice fondé en 1087 par Roger Ier après la conquête normande. Un bas-relief sculpté sur le porche en 1534 montre le roi normand piétinant un adversaire arabe. L'intérieur, de style baroque et début Renaissance, recèle une imposante *Transfiguration* due à Antonello Gagini.

Sélinonte

Dans un lieu isolé dominant majestueusement la mer à une trentaine de kilomètres à l'est de Mazara se dressent les ruines d'un des plus saisissants sites archéologiques de la Sicile. Fondée vers 650 av. J.-C. par des marchands originaires de Megara Hyblaea, sur la côte orientale, Sélinonte était la plus occidentale des colonies grecques de l'époque. Elle tient son nom du céleri sauvage *(selinon)* qui y pousse toujours à profusion. A mesure que son influence s'étendait vers l'ouest de l'île, cette prospère cité s'est heurtée de plus en plus violemment à sa rivale Ségeste et à ses puissant alliés carthaginois. Une terrible bataille la ravagea en 409 av. J.-C., puis un tremblement de terre acheva la besogne. La taille colossale des temples et autres édifices en ruine découverts sur le site donne une idée de son importance à la fin du Ve siècle av. J.-C.

Les parties orientale et occidentale de Sélinonte sont toutes deux dotées d'un parking. Les visiteurs qui ne rechignent pas à l'effort peuvent se rendre de l'une à l'autre en une vingtaine de minutes. Sept des huit temples sont simplement désignés par les lettres A à G, faute d'avoir pu identifier les divinités auxquelles ils étaient consacrés.

Partie est

Proche de la mer, le temple E (520 av. J.-C.) fut relevé en 1958. Cet édifice dorique de 70 m par 25 m pourrait avoir été dédié à Héra (Junon). On y a retrouvé quatre fragments de métopes qui sont exposés au Musée d'Archéologie de Palerme. Un peu en retrait, vous découvrirez les vestiges du temple F, le plus ancien du groupe (560 av. J.-C.). Plus au nord se dressent les formidables colonnes du temple G, le plus vaste du site (113 m par 54 m).

Acropole

Depuis la partie est de Sélinonte, la route descend à travers l'emplacement de l'ancien port, envahi par la végétation, jusqu'aux massives murailles en gradins de la ville, à la porte nord et à certaines ruelles tracées selon un classique plan en grille et joliment restaurées. Vous y verrez les restes de quatre autres temples et, au sommet de l'acropole, quatorze colonnes du temple C (550 av. J.-C.) qui ont été redressées. Trois métopes de ce même temple sont également exposées au musée de Palerme.

Sanctuaire de Malophoros

Voué à Déméter dont l'un des attributs est la grenade *(malophoros),* le huitième temple de Sélinonte est situé à une vingtaine de minutes de marche à l'ouest de l'ancienne cité, sur l'autre rive de la Modione. Les vestiges les mieux préservés sont ceux du propylée (vestibule) et de l'autel sacrificiel. Erigé sur le chemin de la nécropole, ce sanctuaire servait probablement à des rites funéraires.

Castelvetrano

Jadis garnison de vétérans de l'armée romaine (comme l'indique l'étymologie), cette paisible bourgade agricole située à 15 km au nord-ouest de Sélinonte possède quelques beaux édifices anciens. La Chiesa Madre (1570), sur Piazza Garibaldi, se distingue par son porche richement orné et par les stucs de Gaspare Serpotta et les fresques de Tommaso Ferraro qui habillent l'intérieur baroque. Sur la même place, le Palazzo Pignatelli date du XIIe siècle, mais il a fait depuis l'objet d'importantes rénovations. Sur la gauche de la Chiesa Madre, la Piazza Umberto I recèle une charmante fontaine du XVIe siècle, la Fontana delle Ninfa.

LA CÔTE MÉRIDIONALE

Agrigente, Vallée des Temples, Eraclea Minoa, Sciacca, Gela

Dressés sur leur crête au-dessus de la Méditerranée, les magnifiques temples grecs d'Agrigente, les plus beaux de toute la Sicile, méritent à eux seuls le voyage jusqu'à la côte méridionale autrement négligée. A l'ouest, de belles plages désertes émaillent le littoral autour de l'antique cité d'Eraclea Minoa et du port de Sciacca, où le décor médiéval est tout imprégné d'une atmosphère arabe. A l'est, la côte est défigurée par le développement industriel, mais la ville de Gela conserve quelques vestiges de son glorieux passé.

Agrigente

Fondée en 580 av. J.-C. par des colons venus de la proche Gela et de l'île de Rhodes, la cité d'Akragas prit son essor un siècle plus tard à la suite d'une victoire sur les Carthaginois remportée grâce à une alliance avec Syracuse et Gela. Aux yeux du poète grec Pindare, elle était alors «la plus belle de toutes les cités mortelles». Dressée au sommet d'une colline, au nord de l'ancienne acropole, la ville actuelle possède toujours un charme particulier avec ses ruelles tortueuses et ses petites cours. Quant aux temples érigés sur la colline voisine, ils ont conservé une bonne part de leur splendeur passée.

La ville moderne

La plupart des visiteurs se précipitent vers la vallée des Temples. Pourtant, il vaut la peine de s'attarder quelques instants dans la ville moderne. A l'ouest du Piazzale Aldo Moro, la Via Atenea, principale artère de l'agglomération, égrène ses joailleries et autres boutiques chic, ainsi que quelques pâtisseries rappelant la lointaine période arabe. Sur la Piazza Pirandello se dresse un monastère dominicain du XVIe siècle qui abrite aujourd'hui le Municipio (Hôtel de Ville).

Au nord de la Via Atenea, l'abbatiale de Santo Spirito possède un élégant porche gothique du XIVe siècle et une rosace du même style qui composent un contraste saisissant avec l'intérieur baroque où foisonnent les stucs de Giacomo Serpotta. Le cloître, la salle capitulaire et le réfectoire du couvent, qui abrite à l'étage un musée folklorique, sont remarquables.

Le Tempio di Giunone d'Agrigente. Junon, ou Héra, était la déesse des fiancés et des couples mariés.

Jadis cathédrale byzantine, l'église médiévale de Santa Maria dei Greci fut bâtie, comme la cathédrale de Syracuse, dans l'enceinte d'un temple dorique (Ve siècle av. J.-C.) dont elle a conservé quelques colonnes et d'autres éléments d'architecture, en particulier dans la nef.

Vallée des Temples

La situation exceptionnelle des temples d'Agrigente, alignés sur une crête surplombant la mer, en fait aussi un lieu fascinant pour jouir du panorama. Au fil des heures, vous verrez la pierre des édifices passer d'une délicate nuance miel à une intense couleur dorée.

Tempio di Ercole

Erigé à la fin du Ve siècle av. J.-C., le temple d'Hercule est le plus ancien du site. Ses huit colonnes, dont quatre sont coiffées de chapiteaux doriques, ont été relevées en 1924. Les restes d'une trentaine d'autres colonnes sont éparpillés sur la colline.

Villa Aurea

En contrebas du temple d'Hercule, près d'une nécropole renfermant des tombes chrétiennes primitives, s'étend un délicieux jardin foisonnant de capiteuses plantes méditerranéennes. Les archéologues du site y ont établi leur quartier général.

Tempio della Concordia

Le temple de la Concorde est le plus beau des monuments d'Agrigente et un des sanctuaires de l'Antiquité grecque les mieux préservés au monde. Trônant majestueusement sur son soubassement, cet édifice dorique (430 av. J.-C.) tient son nom d'une inscription latine découverte dans l'enceinte. Son état de conservation s'explique essentiellement par le fait que, entre le Ve siècle de notre ère et l'année 1788, il a abrité une église dont les voûtes avaient été taillées dans les murs de la *cella*. Raffinement typique de l'architecture grecque, ses 34 colonnes présentent un renflement cônique *(entasis)* et sont inclinées vers l'intérieur afin de donner à distance une impression de parfaite verticalité. Avec un petit effort d'imagination, vous pourrez le voir tel qu'à l'origine en le coiffant d'un toit de bois et en décorant ses entablements de frises en stuc vivement colorées.

Tempio di Giunone

A l'extrémité orientale de la Via Sacra, le temple de Junon se dresse au sommet de la colline dans un fier isolement conforme à la majesté de sa dédicataire. Précédé de son autel sacrificiel, il a conservé 25 de ses 34 colonnes originelles. Les murs portent les traces de l'incendie allumé par les Carthaginois en 406 av. J.-C.

Tempio di Giove Olimpico

Érigé au centre de l'esplanade sacrée, le plus vaste temple dorique de l'Antiquité fut dédié au puissant Zeus pour célébrer la victoire remportée en 480 av. J.-C. à Himera contre les Carthaginois. Détruit par un tremblement de terre, il mesurait à l'origine 113 m par 56. On peut se faire une idée de sa taille colossale grâce à la copie d'un télamon installée à l'intérieur (l'original est conservé au Musée d'Archéologie). Six de ces géants soutenaient l'imposant entablement avec sept colonnes frontales – au lieu des six habituelles – hautes de plus de 17 m et d'un diamètre de 4 m.

Tempio dei Dioscuri

Castor et Pollux, les divins jumeaux issus de l'union de Zeus métamorphosé en cygne avec la princesse Léda, épouse de Tyndare, sont honorés par une structure formée de quatre colonnes et d'un fragment d'entablement récupérés parmi les ruines d'autres édifices et relevés au XIXe siècle.

Museo Nazionale Archeologico

Situé au nord de la vallée des Temples, le musée a été aménagé sur les vestiges du monastère cistercien de San Nicola (XIIe siècle), dont on peut encore voir le porche gothique de l'église. Parmi les pièces les plus remarquables, un gigantesque télamon reconstitué et les têtes de trois autres des statues qui soutenaient l'entablement du temple de Zeus olympien, un éphèbe (statue de jeune homme) en marbre datant de 470 av. J.-C., de beaux vases grecs et un superbe cratère à vin de Gela.

Caos

C'est dans la banlieue ouest de la ville que vit le jour Luigi Pirandello, l'un des plus grands auteurs dramatiques de notre siècle. Sa maison natale abrite un petit musée où sont rassemblés sa bibliothèque, quelques manuscrits et des peintures murales qu'il exécuta dans sa jeunesse. Dans le jardin, au pied d'un pin parasol, une urne renferme les cendres de l'écrivain.

LES POINTS FORTS

- **Agrigente** – les splendeurs de la vallée des Temples
- **Eraclea Minoa** – la plus belle plage de sable blanc de la côte sud, plus un site archéologique
- **Sciacca** – pour ses restaurants de fruits de mer

Au travail dans le pittoresque port de pêche de Sciacca.

Eraclea Minoa

Cette ancienne colonie située à une trentaine de kilomètres à l'ouest d'Agrigente séduit davantage par sa superbe plage de sable encadrée de falaises blanches et de pins que par les maigres vestiges du passé. Revendiquant des origines crétoises liées à un légendaire séjour du roi Minos, Eraclea Minoa fut plus certainement un comptoir phénicien abandonné puis colonisé au Ve siècle av. J.-C. par des habitants de Sélinonte. Jusqu'à présent, les archéologues ont mis au jour un théâtre de grès, des éléments de fortifications et une villa romaine agrémentée de mosaïques.

Sciacca

Trente kilomètres plus à l'ouest, ce port de pêche a pour principal attrait sa riche palette de restaurants spécialisés dans les poissons et les fruits de mer. La ville haute a conservé des traces de son passé arabe dans le labyrinthe de ruelles qui encerclent les cours ombragées des typiques maisons blanches.

Piazza Scandaliato

Cette charmante petite place surplombant le port est l'endroit idéal pour prendre l'apéritif. Un collège jésuite du XVIe siècle abrite aujourd'hui l'Hôtel de Ville.

Palazzo Steripinto
A l'extrémité ouest du Corso Vittorio Emanuele, cette austère forteresse catalane du début du XVe siècle est ornée de quelques belles fenêtres à meneaux.

Terme Selinutine
Ces thermes aménagés dans la partie basse de la ville rappellent les jours anciens où les Romains venaient pour prendre les eaux. D'une température de 34°C, les sources sont toujours réputées pour le traitement de l'arthrite et des maladies de la peau.

Gela
A environ 75 km à l'est d'Agrigente, cette cité de plus de 76 000 habitants connut son âge d'or au Ve siècle av. J.-C. sous la férule des tyrans Hippocrate et Gélon. C'est aujourd'hui un grand centre d'industrie pétrochimique.

Museo Archeologico
A l'extrémité est du Corso Vittorio Emanuele, le Musée d'Archéologie expose des sculptures et des vases fameux à travers toute la Méditerranée depuis la fondation de la cité par des colons de Rhodes et de Crète. Juste à côté s'étend le site de l'ancienne acropole où on a exhumé des vestiges de temples, de maisons et de boutiques.

Fortifications grecques
A Capo Soprano, à l'ouest de Gela, se dressent quelques restes imposants des fortifications bâties au IVe siècle av. J.-C. par le tyran Timoléon, après la destruction de la ville par les Carthaginois. Les massives murailles de grès, consolidées ultérieurement par des briques pour freiner l'avancée du sable, ont survécu sur près de 300 mètres.

LUIGI PIRANDELLO (1867-1936)

Légendaire pour son excentricité, Pirandello choisit l'Université de Bonn pour écrire une thèse de doctorat sur le dialecte de sa ville d'origine. Lauréat du Prix Nobel de Littérature en 1934, il est surtout connu pour ses pièces *Six personnages en quête d'auteur* et *Henri IV*, mais c'est avec le titre d'un roman qu'il a défini avec la plus grande sagacité la condition humaine: *Un, personne et cent mille*. Sa vision aiguisée de la psychologie fut quelque peu aigrie par son mariage avec une femme qui sombra dans la folie de la persécution. Les personnages de son «théâtre dans le théâtre» poursuivent tous une quête désespérée de leur propre identité – une recherche cohérente avec l'histoire d'une île où se succédèrent Phéniciens et Grecs, Arabes et Normands, Allemands et Espagnols... et même quelques Italiens.

SYRACUSE ET LE SUD-EST

Ortygia, La ville continentale, Castello Eurialo, Pantalica, Palazzolo Acreide, Noto, Modica, Raguse

Syracuse a conservé d'admirables témoignages de son passé agité. Le terrible tremblement de terre de 1693 a conduit les habitants de cette fière cité – comme ceux de ses voisines Noto, Modica et Raguse – à bâtir quelques-uns des plus somptueux édifices baroques d'Europe. Dominant ces splendeurs architecturales, la chaîne des Iblei renferme de stupéfiants paysages de vallées et d'à-pics désolés où vécurent certains des premiers habitants de la Sicile. Pour couronner le tout, la côte qui s'étire au sud-ouest de Raguse abrite de magnifiques plages de sable préservées des foules. Juste au nord de Syracuse s'étend le site de la plus ancienne colonie grecque de l'île, Megara Hyblaea.

Ancienne rivale d'Athènes, puis d'Alexandrie, pour la suprématie sur la Méditerranée, Syracuse offre une merveilleuse synthèse de l'ère classique et de sa résurrection au XVIIe siècle. Paradis des piétons, l'île d'Ortygia, fondée en 734 av. J.-C. par des colons corinthiens et rattachée aujourd'hui au continent par deux ponts, renferme l'essentiel des attraits de la ville.

Ortygia

Avec son lacis touffu d'étroites ruelles, c'est un endroit idéal pour errer au gré de sa fantaisie, sachant qu'on retrouvera toujours son chemin grâce à la promenade qui longe le front de mer. Nous vous proposons ci-dessous un itinéraire pour visiter les principaux monuments, mais, en suivant votre propre inspiration, vous découvrirez maints autres vestiges du passé – colonnes grecques intégrées dans des encadrements de portes, fragments de dallages byzantins en mosaïque, fenêtres à meneaux de l'ère normande, masques grimaçants de pierre jaillissant des murs sous des balcons baroques espagnols.

Ponte Nuovo

Reliant le Corso Umberto I, sur le continent, à la Piazza Pancali, le «Pont-Neuf» enjambe la darse qui servait de douve aux anciennes fortifications de l'île. On peut voir, sur la Via XX Settembre qui part du sud de la place, quelques restes des murailles et de la tour de guet de l'époque grecque (IVe siècle av. J.-C.).

Toutes les rues convergent sur Piazza Repubblica, entre les parties haute et basse de Raguse.

ORTYGIA

Tempio di Apollo

A l'arrière de la Piazza Pancali, vous découvrirez deux colonnes et quelques vestiges de mur du plus ancien des temples doriques siciliens (565 av. J.-C.). La dédicace à Apollon est gravée dans le soubassement des colonnes. Les casernements espagnols bâtis sur le temple au XVe siècle ont été enlevés, mais on peut voir des éléments de transformations antérieures: des marches menant aux fonts baptismaux d'une église byzantine, des inscriptions arabes provenant d'une ancienne mosquée et une arche gothique taillée dans le mur du sanctuaire pour une église normande.

Piazza Archimede

Au sud du temple, les urbanistes de la période fasciste ont tracé avec leur brutalité coutumière une large tranchée à travers la vieille ville: le Corso Matteotti. Celui-ci débouche sur la vaste place centrale d'Ortygia, baptisée du nom du célèbre mathématicien de la Grèce antique natif de Syracuse. Au milieu de la place bordée de cafés populaires se dresse une fontaine du XIXe siècle dédiée à la déesse de la chasse Artemis, qui est entourée de sirènes et de tritons. Sur le côté ouest, allez jeter un coup d'œil au magnifique escalier catalan du XVe siècle qui s'élève dans la cour du Palazzo dell'Orologio abritant le Banco d'Italia. Du côté sud, admirez la façade agrémentée de fenêtres à meneaux du Palazzo Lanzi, bâti à la même époque. Celle du Palazzo Montalto (1397) sur Via dei Mergulensi, au nord-ouest de la Piazza, est la plus belle de la ville.

Duomo

Pour apprécier pleinement l'étonnante mosaïque des âges représentée dans cet édifice, engagez-vous, au sud de la Piazza Archimede, dans la Via Roma, puis tournez à droite dans la Via Minerva afin de découvrir la partie arrière du Duomo. Vous y verrez, intégrés dans le mur crénelé datant des Normands, les colonnes doriques, les chapitaux et l'architrave du temple d'Athéna érigé par les habitants de Syracuse pour rendre grâce à la déesse de la guerre de leur victoire contre les Carthaginois à Himera (480 av. J.-C.). L'imposante façade baroque fut construite après l'effondrement de la façade normande d'origine lors du tremblement de terre de 1693. Ses colonnes corinthiennes doubles sont l'œuvre du Palermitain Ignazio Marabitti. A l'intérieur, les bâtisseurs ont incorporé dans la basilique chrétienne 24 des 36 colonnes du temple païen, les arches normandes ont été taillées dans le mur de son sanctuaire et un grand cratère à vin a été reconverti en fonts baptismaux.

Piazza del Duomo

Au point le plus élevé de l'île d'Ortygia, cette place à l'exquise harmonie baroque depuis le séisme de 1693 était un site sacré dès avant la période grecque. Au nord de la cathédrale, les vestiges d'un temple ionien remontant au Ve siècle av. J.-C. forment la base de l'opulent Hôtel de Ville dessiné en 1628 par l'architecte espagnol Giovanni Vermexio. De l'autre côté de la cathédrale se dresse le Palazzo Arcivescovile (palais de l'Archevêque) et, en face, le beau Palazzo Beneventano datant du XVIIe siècle. A l'extrémité sud de la place, vous admirerez le porche finement ouvragé et le balcon de fer forgé de la svelte église de Santa Lucia alla Badia.

Fonte Aretusa

Ce bassin dans lequel s'ébattent canards et poissons, parmi les papyrus, occupe le centre d'une charmante place entourée de maisons aux tons pastel et de cafés où la population s'adonne volontiers au rite de la passeggiata. La source d'eau douce qui l'alimente fut un élément déterminant dans le choix des Corinthiens de s'établir à Ortygia.

Palazzo Bellomo

Depuis Fonte Aretusa, dirigez-vous vers l'est par Via Capodieci pour visiter le principal musée des Beaux-Arts de la ville, aménagé dans un palais médiéval converti en monastère bénédictin en 1725. L'austère édifice du XIIe siècle fut agrémenté 200 ans plus tard par ses propriétaires catalans d'arches et fenêtres ornementées. Le rez-de-chaussée abrite des sculptures byzantines et des œuvres des frères Gagini (XVe siècle). A l'étage se trouve la collection de peinture, dont les pièces maîtresses sont une *Annonciation* (1474) d'Antonello da

---

LES POINTS FORTS

- **Duomo d'Ortygia** – érigé sur les vestiges d'un temple grec
- **Palazzo Bellomo** – musée abritant des peintures d'Antonello da Messina et de Caravaggio
- **Théâtre grec** – dressé au cœur du parc archéologique
- **Catacombes** – chambres funéraires des premiers chrétiens
- **Noto** – très beaux bâtiments baroques
- **Modica** – église de San Giorgio
- **Raguse** – cité médiévale et baroque admirablement préservée

Messina et une *Inhumation de sainte Lucie,* première œuvre de Caravaggio en Sicile (1609).

Via Maestranza
Cette large rue qui s'étire à l'est de la Piazza Archimede rassemble certains des plus beaux monuments baroques de la ville. Particulièrement remarquables sont le Palazzo Impellizzeri (n° 17) avec son pignon bas, le Palazzo Bonanno (n° 33) qui abrite l'Office du Tourisme, le Palazzo Barbato-Gargallo (n° 50) notable pour son escalier extérieur, le Palazzo Bufardeci (n° 72) richement ornementé, l'église San Francesco all'Immacolata avec sa façade convexe et le second Palazzo Impellizzeri (n° 99), décoré d'une profusion de masques.

Giudecca
Au sud de San Francesco, le réseau de ruelles qui s'étend parallèlement à la Via Giudecca a conservé l'atmosphère médiévale de la communauté juive qui y vécut jusqu'à son expulsion par les Espagnols au XVe siècle.

Castello Maniace
Dressée à l'extrémité sud d'Ortygia, cette forteresse carrée fut édifiée en 1239 par l'empereur Frédéric II et ainsi baptisée en l'honneur de l'amiral byzantin Georges Maniaces qui, 200 ans plus tôt, avait brièvement occupé l'île alors aux mains des Arabes. C'est aujourd'hui une base militaire italienne, visible du public seulement de la mer (excursions depuis le Molo Zanagora, à l'extrémité nord du Foro Vittorio Emanuele II).

La ville continentale
Au nord d'Ortygia, Syracuse se développe en une série de quartiers de plan orthogonal entourés de grandes artères modernes. Cette partie de la ville renferme des sanctuaires et théâtres grecs et romains, les carrières, des vestiges des fortifications extérieures et les catacombes des premiers chrétiens.

L'héritage des époques romaine et grecque est réparti dans quatre quartiers. Celui d'Achradina est, aujourd'hui comme jadis, le centre commercial de Syracuse. Au nord-est s'étend celui de Tyche, où se trouvent le Musée d'Archéologie et les catacombes. Au nord-ouest, dans le quartier de Neapolis, les principaux vestiges de l'Antiquité sont groupés dans un parc archéologique. Les restes des anciens remparts et du château d'Euryale se dressent dans le quartier d'Epipolae, à la périphérie occidentale de l'agglomération.

Parco archeologico
Créé en 1955, le parc archéologique de Neapolis renferme un

riche ensemble d'édifices qui ne sont pas tous accessibles au public. Avant d'y pénétrer, il vaut la peine d'en faire le tour en bus ou en voiture afin de jouir des points de vue souvent spectaculaires qui s'offrent sur l'ensemble du site.

Ara di Ierone II
Situé juste au sud de la billetterie, ce gigantesque autel fut érigé par le roi Hiéron II au IIe siècle av. J.-C. pour honorer son illustre prédécesseur Timoléon par des sacrifices à Zeus Eleutherios («le Libérateur»). Du long rectangle de 198 m par 23, sur lequel des centaines de bœufs pouvaient être sacrifiés en une seule cérémonie, ne subsistent que le dallage, quelques vestiges d'une arche et un bassin destiné aux ablutions rituelles.

Teatro Greco
Au nord-ouest de la billetterie, vous découvrirez l'un des plus beaux théâtres de la Grèce antique. Son auditorium et sa scène hémisphériques furent taillés dans le rocher de la colline au Ve siècle av. J.-C., puis aggrandis deux siècles plus tard par Hiéron II. Ses 61 rangées de sièges, dont 46 nous sont parvenues intactes, pouvaient accueillir 15 000 spectateurs. En 470 av. J.-C., le grand tragédien Eschyle y donna sa pièce *Les Perses* et, seize ans plus tard, la première des *Femmes de l'Etna,* spécialement commandée pour le théâtre de Syracuse (cette œuvre a été perdue). Avant de bâtir leur propre amphithéâtre, les Romains réaménagèrent le théâtre grec pour leurs combats de gladiateurs et pour des représentations scéniques de batailles navales. Aujourd'hui, on y donne des concerts et des spectacles de tragédie grecque.

Latomia del Paradiso
A l'est du théâtre grec s'ouvrent les gouffres béants d'où les Syracusains extrayaient le granit gris-blanc servant à leurs constructions. La carrière, qui atteint 45 m de profondeur, servit aussi de prison à quelque 7000 captifs athéniens après leur déroute navale de 413 av. J.-C. Elle forme aujourd'hui un édénique jardin couvert de lauriers, de palmiers et d'orangers. Sa partie la plus célèbre est l'Orecchio di Dionisio (l'Oreille de Denys), une grotte ainsi baptisée en 1608 par le peintre Caravaggio parce que sa forme évoque celle d'un lobe d'oreille. La légende veut que l'exceptionnelle acoustique du lieu ait permis au tyran Denys l'Ancien d'écouter à leur insu les prisonniers ennemis.

Anfiteatro Romano
Situé à l'angle sud-est du parc, l'amphithéâtre romain fut édifié entre le IIe et le IVe siècle de notre

ère. Tout comme le théâtre grec, il fut en grande partie creusé dans le roc. L'arène, longue de 140 m, présente une surprenante forme d'ellipse. On peut encore lire, gravés dans le parapet, les noms des citoyens illustres de l'époque.

Museo Archeologico

Inaugurés en 1988, les bâtiments en triangle du Musée d'Archéologie (Viale Teocrito 66) offrent un cadre moderne très plaisant aux trésors antiques de Syracuse et de la Sicile orientale. Les collections préhistoriques de la Section A renferment des fossiles et des squelettes d'animaux ainsi que des objets façonnés à l'âge de la pierre et des céramiques. L'ère classique de la colonisation grecque est présentée dans la Section B. L'une des pièces maîtresses est une *Vénus Anadyomène* (Ier siècle de notre ère) sans tête, mais d'une remarquable sensualité; il s'agit d'une excellente copie romaine de l'œuvre de Praxitèle représentant la déesse de l'amour «émergeant de la mer». On admirera aussi un superbe petit cheval de bronze du VIIe siècle av. J.-C., une Gorgone polychrome en terre cuite et un petit éphèbe en bronze, tous deux du Ve siècle av. J.-C.

Dans la Section C sont rassemblées des pièces provenant des sous-colonies voisines, parmi lesquelles une très belle terre cuite figurant la déesse Démèter assise (Ve siècle av. J.-C.) et de splendides vases attiques découverts à Gela.

Cripta di San Marziano

On peut visiter les catacombes qui jouxtent la crypte de saint Marcien, premier évêque de Syracuse martyrisé en 254. Elles sont situées sous les ruines de l'église de San Giovanni Evangelista, juste en face de l'Office du Tourisme de Via San Sebastiano. Cette église normande de style roman, qui fut un temps la cathédrale de Syracuse, ne fut que partiellement reconstruite après le séisme de 1693. La crypte de saint Marcien fut aménagée au Ve siècle de notre ère à l'endroit où l'évêque avait été flagellé à mort. Elle renferme également l'endroit, indiqué par un autel moderne, où l'apôtre Paul aurait prêché en l'an 60 alors qu'il se rendait à Rome pour y être incarcéré.

La visite guidée vous initiera à la hiérarchie des catacombes, où se succèdent de larges rotondes réservées aux saints et aux martyrs, de vastes chambres destinées aux familles nobles et une multitude de petites cavités abritant les enfants.

Madonna delle Lacrime

Du côté opposé au Musée d'Archéologie sur le Viale Teocrito,

LA VILLE CONTINENTALE

A la tombée de la nuit, les habitants d'Ortygia vont se balader autour de Fonte Aretusa.

cette disgracieuse église moderne domine tous les bâtiments environnants avec son toit de béton armé en forme de larme haut de 90 mètres. Erigée pour commémorer l'écoulement «miraculeux» de larmes sur le visage d'une Madone, observé cinq jours durant en 1953, elle attire chaque année des centaines de pèlerins.

Piazza della Vittoria
Juste au sud de l'église, des fouilles ont mis au jour un important ensemble de maisons et de rues grecques et romaines habitées 900 ans durant, jusqu'au IVe siècle de notre ère.

Santa Lucia
La sainte patronne de la ville est à l'honneur sur cette vaste place ombragée où se dresse une basilique bâtie à l'emplacement de son martyre en l'an 303 de notre ère. Le porche normand, la rosace, le clocher et les absides sont les principaux éléments d'origine de cette église datant pour le reste essentiellement du XVe siècle. La chapelle octogonale voisine, aménagée au XVIe siècle pour abriter le tombeau de la sainte, n'a jamais accueilli sa dépouille. Transportée à Constantinople, puis ramenée à Venise, celle-ci a finalement été rapatriée à Syracuse, mais dans une chapelle de

la cathédrale. Quant au tableau de Caravaggio figurant la mort de Lucie, il a été transféré au musée du Palazzo Bellomo.

Castello Eurialo

Une excursion d'une demi-journée à 9 km à l'ouest du centre ville vous conduira aux anciennes fortifications érigées par Denys l'Ancien vers 400 av. J.-C. afin de prémunir Syracuse contre les attaques de l'intérieur. Ces remparts situés sur les hauteurs du quartier d'Epipolae marquaient la limite occidentale de la colonie. Au sommet du plateau, le Castello Eurialo est la mieux conservée des forteresses grecques de la Méditerranée. C'est sous le règne de Hiéron II (IIe siècle av. J.-C.) qu'elle a acquis sa forme définitive, vraisemblablement avec le concours du mathématicien Archimède qui aurait servi d'ingénieur militaire. Les murailles étaient creusées de tunnels destinés à l'approvisionnement et aux mouvements de troupes. L'état de conservation exceptionnel de l'ensemble s'explique en grande partie par le fait que les occupants de la forteresse choisirent de se rendre sans combattre aux Romains, en l'an 212 av. J.-C.

Pantalica

Une balade d'une journée dans l'arrière-pays vous offrira une bonne introduction à l'imposante chaîne des Iblei, à travers les gorges de la vallée de l'Anapo. C'est l'itinéraire qu'empruntèrent les Sicules pour échapper aux premiers colons grecs, puis, ultérieurement, les habitants de Syracuse pour développer l'agriculture dans l'intérieur.

Un trajet de 40 km sur une route tortueuse vous amènera à l'immense nécropole de Pantalica où sont rassemblées quelque 5000 tombes creusées dans le roc. C'est ici même que les Sicules chassés de la côte vécurent et ensevelirent leurs morts du XIIe au VIIe siècle av. J.-C. Un grand nombre de ces cavernes servirent plus tard de refuge aux Syracusains menacés par les envahisseurs barbares. Le meilleur accès se fait par l'ouest, depuis le pittoresque village de Ferla. Des sentiers et des escaliers confortables vous conduiront à des tombeaux de famille renfermant chacun plusieurs squelettes.

Palazzo Acreide

A une vingtaine de kilomètres au sud de Ferla, la ville moderne s'étend sur l'ancienne colonie syracusaine d'Akrai. Sur la Piazza Umberto I se dressent deux splendides édifices du XVIIe siècle : le Palazzo Zocco et l'église San Paolo. Sur la Piazza del Popolo, admirez l'église San Sebastiano richement ornée et desservie par un majestueux escalier. La Casa di Antonino Uccello (Via Machiavelli) abrite un intéressant musée folklorique.

Au sud-ouest de la ville, l'antique Akrai était un important comptoir commercial sur la route reliant Syracuse à Agrigente. Le site archéologique comprend un petit théâtre grec (IIe siècle av. J.-C.) et des vestiges du sénat *(bouleuterion)*, ainsi que deux carrières – Intagliata et Intagliatella – qui servirent à la construction d'habitations byzantines et à l'aménagement de chambres mortuaires chrétiennes.

Noto

Située à une cinquantaine de kilomètres au sud-ouest de Syracuse, Noto illustre admirablement l'élan créatif suscité par le séisme de 1693. L'inspirateur de la fascinante cité baroque actuelle fut Giuseppe Lanza, duc de Camastra, envoyé du vice-roi espagnol. Inspectant les décombres une semaine après la catastrophe, il resta sourd aux vœux des habitants et ordonna que la ville fût entièrement reconstruite sur un nouveau site, à une dizaine de kilomètres au sud-est de l'ancienne cité (connue aujourd'hui sous le nom de Noto Antica). C'est grâce à la célérité des travaux et au caractère autoritaire du duc que Noto acquit une harmonie de style égalée par aucune autre des villes rebâties au lendemain du tremblement de terre. Lanza imposa l'aménagement de quartiers réservés aux élites politiques et religieuses dans le centre de l'agglomération, la plèbe étant reléguée à la périphérie. Les principales artères courent de l'est à l'ouest afin que le soleil du matin et du soir caresse les façades de pierre couleur miel, et s'ouvrent sur de larges places où sont parfaitement mis en valeur les monuments signés par les grands maîtres du baroque sicilien que sont Rosario Gagliardi, Vincenzo Sinatra et Paolo Labisi.

Corso Vittorio Emanuele

Venant de l'est, le Corso pénètre au cœur du quartier patricien en franchissant l'arc de triomphe de Porta Reale érigé en 1838 sous les Bourbons espagnols. Ce monument regroupe trois symboles: un pélican pour l'esprit de sacrifice, une tour pour la force et un chien pour la loyauté. Juste après la porte se dresse sur une esplanade en gradins la sobre église de San Francesco all'Immacolata dont les plans furent dessinés en 1704 par Vincenzo Sinatra. A l'intérieur, le maître-autel est orné d'une Madone en bois du XVe siècle provenant de Noto Antica. A la gauche de l'église s'élève la façade au baroque plus affirmé du monastère du Santissimo Salvatore, flanqué d'une tour de guet et agrémenté de balcons en fer for-

Cherubins et chevaux ailés soutiennent les balcons de la Via Nicolaci.

gé. Dessinée dans le même esprit exubérant par Rosario Gagliardi, l'église de Santa Chiara, située du côté sud du Corso, possède un élégant intérieur de forme ovale où trône une superbe *Madone à l'Enfant* d'Antonello Gagini.

Piazza del Municipio

Cette place, qui regroupe le plus bel ensemble d'édifices de la ville, est le lieu privilégié de la passeggiata. Bordé d'arcades, le Palazzo Ducezio (1746), qui abrite le Conseil municipal, porte le nom de l'antique héros national de Noto, Ducetius, qui conduisit la révolte des Sicules contre Syracuse en 450 av. J.-C. A l'opposé, au sommet d'un imposant escalier gracieusement encadré de haies d'arbustes, se dresse la majestueuse façade flanquée de tours du Duomo, dessiné comme le Palazzo par Sinatra et achevé en 1776.

Via Nicolaci

Du côté ouest de la Piazza del Municipio, la ruelle qui s'étire au nord vers la Via Cavour est un véritable bijou de la scénographie baroque. Les balcons de fer forgé en encorbellement qui ornent les façades des palazzi Villadorata, à gauche, et Landolina, à droite, tenaient lieu jadis de loges pour jouir du théâtre de la rue.

Piazza XVI Maggio

Au centre de la place s'étend un petit jardin agrémenté d'une fontaine provenant de Noto Antica, à laquelle on a rajouté au XVIIe siècle une statue d'Hercule. Derrière se dresse la svelte façade convexe de l'admirable église de San Domenico (1703), œuvre de Rosario Gagliardi. L'intérieur de stuc blanc est remarquable pour ses cinq coupoles et ses autels de marbre polychrome.

Via Cavour

Cette majestueuse rue courant parallèlement au Corso recèle plusieurs beaux monuments: Palazzo Castelluccio (n° 10), Palazzo Astuto (n° 54) et Palazzo Trigona (n° 93).

Santissimo Crocifisso

Les plans de Rosario Gagliardi pour le quartier nord destiné aux ouvriers, sur Via Cirillo, n'ont jamais été achevés, mais l'église mérite à elle seule le détour pour la *Madonna della Neve* (Notre-Dame-des-Neiges, 1471) de Francesco Laurana qui orne l'autel de l'aile gauche du transept.

Eloro

Dans cette ancienne cité près de Noto, on peut admirer les superbes mosaïques de Tellaro, ornant les sols d'une villa romaine. On y voit des scènes de chasse et des épisodes de la guerre de Troie.

Modica

La ville haute rescapée du séisme de 1693 est spectaculairement perchée sur une arrête des contreforts des monts Iblei. Au Moyen Age, Modica servit de citadelle aux barons de Chiaramonte. Plus tard, elle fut reconstruite dans le style baroque, parfaitement illustré par la grandiose église de San Giorgio (XVIIe siècle). Un majestueux escalier de 300 marches conduit à la façade à trois étages délicatement galbée que dessina Rosario Gagliardi. A l'intérieur, un beau polyptique du maître-autel peint par Bernardino Niger (1513) représente saint Georges et la Sainte Famille.

Pour jouir d'une belle vue sur Modica, dirigez-vous au nord jusqu'au Belvedere Pizzo qui jouxte l'église de San Giovanni Evangelista, reconstruite en 1839.

Raguse

Fondée il y a plus de 3000 ans par les Sicules qui en firent leur place forte intérieure, Raguse comprend deux parties distinctes: en haut la ville moderne (Ragusa Superiore), en bas la paisible cité ancienne (Ragusa Ibla). C'est le fameux séisme de 1693 qui créa cette division, les habitants ayant choisi lors de la reconstruction de consacrer la partie haute au commerce et à l'industrie et de conserver le centre historique pour les quartiers résidentiels.

RAGUSE

Ragusa Superiore

Le plan en damier de la ville haute se développe à partir des grandes artères commerçantes que sont la Via Roma, dans l'axe nord-sud, et le Corso Italia, dans l'axe est-ouest. Sur la Piazza San Giovanni voisine, la formidable cathédrale du XVIIe siècle témoigne de l'ambition des Ragusans. A l'extémité sud de la Via Roma, le Musée d'Archéologie renferme des objets préhistoriques de la région, des céramiques grecques et des mosaïques romaines tardives. Le plus imposant des édifices baroques du Corso Italia est le Palazzo Bertini, dont la façade est ornée de masques grotesques.

Sur le Corso Mazzini qui relie les deux parties de la ville, l'escalier montant à l'église de Santa Maria delle Scale offre une vue saisissante sur le centre historique en contrebas. Rebâtie après le séisme, l'église a conservé au pied de son beffroi des fragments de la chaire extérieure et du porche du XVe siècle et, dans l'aile droite, des arches gothico-Renaissance. En poursuivant l'ascension, vous découvrirez le Palazzo Nicastro et le Palazzo Cosentini, ainsi que l'église baroque du Purgatoire.

Ragusa Ibla

A mille lieues de la géométrie rigoureuse de la ville moderne, abandonnez-vous à une délicieuse flânerie parmi les ruelles tortueuses de Ragusa Ibla pour retrouver l'atmosphère de l'ancienne place forte arabe et normande. A l'extrémité orientale de la cité, vous pourrez vous rafraîchir sous les ombrages du Giardino Ibleo.

Si elle n'est plus la cathédrale de Raguse, la superbe église baroque de San Giorgio (1739) dessinée par Rosario Gagliardi demeure la plus prisée pour les mariages locaux, avec sa belle façade convexe et son beffroi qui s'élancent noblement au-dessus des palmiers de la place étirée en longueur. Un peu plus à l'est, sur la Piazza Pola, celle de San Giuseppe offre, à une échelle plus modeste, la même exubérance. Son intérieur ovale est orné d'un plafond peint par Sebastiano Lo Monaco à la gloire de saint Benoît (1793).

Excursions

Des excursions vers les plages situées au sud-ouest de Raguse vous feront découvrir d'autres monuments baroques remarquables. Au centre de Comiso, quelques beaux palazzi sont regroupés autour de la Chiesa Madre sur la Piazza del Municipio. A Vittoria, arrêtez-vous sur la Piazza del Popolo que domine l'église de la Madonna della Grazia (1754) et sur la Piazza Ricca où s'élève la Chiesa Madre.

L'EST
Catane, L'Etna, Acireale, Taormina, Messine

La côte orientale accueille la plupart des touristes visitant pour la première fois la Sicile. L'Etna domine toute la région, à la fois effrayant par le risque permanent d'éruption qu'il présente et bienfaisant par la fertilité qu'il assure aux vergers et aux vignobles garnissant le bas de ses pentes. L'aéroport de Catane est le plus fréquenté de l'île et, par conséquent, le principal point de transit vers les lieux de villégiature du littoral. Depuis l'Antiquité, Taormina est le plus réputé d'entre eux en raison du collier de plages merveilleuses qui l'entoure, notamment à Giardini-Naxos. Un peu plus au nord se trouve la ville portuaire de Messine, d'où les ferries embarquent pour le continent et pour les îles Eoliennes.

Catane

Défiant l'écrasante présence de l'Etna dont les flancs viennent mourir dans les banlieues nord, la deuxième plus grande ville de la Sicile (342 000 hab.) mérite au moins une journée de visite. Catane fut entièrement dévastée au XVIe siècle, d'abord par une éruption de l'Etna en 1669, puis par le terrible séisme de 1693. Conduisant directement à la source de tous ses maux, sa principale artère est la bien-nommée Via Etnea. La plupart des monuments datant de la reconstruction menée par le maître-architecte Giovanni Battista Vaccarini qui ont survécu aux bombardements de 1943 sont baroques. L'université – fondée en 1434 par les Espagnols – confère une animation juvénile au centre-ville.

Si Catane, fondée en 729 av. J.-C. par des Chalcidiens, fut l'un des premiers établissements grecs de l'île, on n'entend plus guère parler de cette colonie jusqu'à sa conquête par les Romains en 263 av. J.-C. Tous ses grands monuments antiques datent de l'ère romaine. Les Arabes lui amenèrent la prospérité avec leur agriculture, notamment en introduisant citrons et oranges ainsi que de nouvelles méthodes d'irrigation, mais la conquête normande, en interrompant les échanges avec l'Afrique du Nord, mit fin à cet essor. Plus tard, l'empereur Frédéric II y bâtit sa forteresse (Castello Ursino), mais les Espagnols ne firent guère d'efforts pour défendre la ville contre les pirates, aussi Catane connut-elle une période de stagnation qui se prolongea jusqu'à la reconstruction au XVIIe siècle. Les plus célèbres de ses fils sont le compositeur d'opéras Vincenzo Bellini et le romancier Giovanni Verga.

Les marionnettes traditionnelles représentent les chevaliers de la cour de Charlemagne.

Piazza del Duomo

Site des anciens thermes romains et cœur de la ville depuis l'époque normande, cette place donne le ton de Catane avec ses édifices baroques. Parmi ces derniers, la fameuse Fontana dell'Elefante construite en 1736 par Vaccarini fait figure de symbole local, avec son savoureux mélange de cultures caractéristique de la Sicile. Sculpté dans une pierre volcanique noire, l'éléphant est ancien, probablement d'époque romaine. Il porte sur son dos un obélisque égyptien en granit, et sa tête est couronnée des emblèmes de la sainte patronne de la ville, Agathe. L'Hôtel de Ville (XVIIe siècle) se dresse sur le côté nord de la place, à l'opposé de la Porta Uzeda (1696) qui donne accès au marché en plein air.

Duomo

Après le séisme de 1693, l'église fortifiée normande du Xe siècle fut rebâtie par Vaccarini qui la dota d'une attrayante façade baroque. De l'original, elle a néanmoins conservé un portail sur le côté nord et l'abside crénelée en lave noire visible à l'arrière de l'édifice depuis la cour du palais de l'Evêque. Le clocher est une adjonction du XIXe siècle.

A l'intérieur, sur le second pilier du côté droit, vous découvrirez la tombe de Bellini ornée d'un extrait de la partition de *La Somnambule*. Dans l'abside sud, la chapelle de Sant'Agata, à laquelle la cathédrale est dédiée, honore la martyre par un tryptique en marbre d'Antonello Freri (XVe siècle). La vie de la sainte est représentée sur les stalles de bois sculpté du chœur.

Badia di Sant'Agata
Faisant face à la cathédrale sur la Via Vittorio Emanuele II, cette église abbatiale au large dôme est considérée comme le chef-d'œuvre de Vaccarini. Sa façade délicatement galbée peut être admirée depuis la Via Raddusa.

Via Crociferi
Cette rue, qui s'étire parallèlement à la Via Etnea, est regardée à juste titre comme la plus élégante des rues baroques de Catane. Commencez votre découverte à l'Arc de San Benedetto, qu'on prétend avoir été érigé en une seule nuit, en 1704. Au-delà de deux églises abbatiales – Badia Grande à gauche, Badia Piccola à droite – se déroule le majestueux escalier conduisant à l'église de San Benedetto (1713), dotée d'un superbe portail en bois sculpté. Plus austère, celle de San Francesco Borgia fait face au collège des jésuites qui renferme quatre cours. La magnifique église de San Giuliano (1760), autre œuvre de Vaccarini, se trouve un peu plus au nord.

Castello Ursino
Dressée à l'extrémité sud du centre historique, l'imposante forteresse construite par Frédéric II en 1239 fut maintes fois endommagée par les séismes et les coulées de lave. Elle est en cours de restauration depuis longtemps. On peut néanmoins visiter le Musée municipal qui y a été transféré.

Via Garibaldi
Traçant une ligne droite vers l'ouest depuis le centre-ville, cette rue que bordent de gracieux palais du XVIIe siècle traverse plusieurs places animées, telles Piazza Mazzini et Piazza Palestro. La maison natale de Giovanni Verga, reconvertie en musée, se trouve à l'angle de la Via Sant'Anna.

LES POINTS FORTS

- **Taormina** – le centre de villégiature le plus prestigieux de la Sicile, avec un théâtre grec en prime
- **L'Etna** – le plus haut volcan d'Europe, toujours très actif
- **Giardini-Naxos** – le lieu idéal pour les amateurs de farniente

CATANE

Teatro Romano

Avec son entrée aménagée au n° 266 de la Via Vittorio Emanuele, le théâtre antique est totalement noyé dans les palais du XVIIe siècle. Bâti au flanc de la colline de l'ancien acropole, cet amphithéâtre en pierre volcanique a remplacé un édifice grec antérieur où, en 415 av. J.-C., le général Alcibiade avait tenté de rallier la population dans le camp d'Athènes contre Syracuse. Il pouvait accueillir 7000 spectateurs. De taille plus modeste, l'odéon voisin était réservé aux récitals de musique et de poésie.

Via Etnea

Fief de la riche bourgeoisie catalane au XIXe siècle, cette majestueuse rue de 3 km de long est aujourd'hui la principale artère commerçante de la ville. Pointant au nord vers le volcan, elle traverse la belle Piazza dell'Università où se dressent, à gauche, les bâtiments à arcades de l'Université et, à droite, le Palazzo San Giuliano dessiné par Vaccarini. Œuvre d'Angelo Italia, la *Collegiata* (1720) est l'une des plus belles églises de Catane, avec sa délicate façade arrondie ajoutée en 1758 par Stefano Ittar. Plus au nord, sur la longiligne Piazza Stesicoro subsistent les vestiges d'un autre amphithéâtre romain (Ier siècle av. J.-C.).

Villa Bellini

Situés au nord du centre-ville, les jardins publics offrent une diversion bienvenue dans la luxuriante végétation méditerranéenne et semi-tropicale. On y jouit en

---

LA VIE SUR L'ETNA

L'Etna amène aux populations locales autant de bienfaits que de malheurs. Tout en bas, bananiers, palmiers, figuiers de barbarie, agaves, oranges et citrons géants, olives et eucalyptus prospèrent avec une rare abondance – et le vin issu des vignes est d'excellente qualité. En dessus des luxuriants vergers et vignobles, les pentes sont couvertes d'amandiers, de noisetiers, de châtaigniers et de pistachiers. Un peu plus haut encore s'étendent des forêts de hêtres, de bouleaux, de chênes verts et de pins. Au-dessus de 2000 m, seuls croissent quelques buissons torturés. Les amateurs d'oiseaux pourront observer des huppes, des buses, des faucons crécerelles et une variété exotique de pinson d'un bleu étincelant. La montagne héberge aussi des renards, des martres, des belettes, des porcs-épics, quelques vipères et des nuées de papillons, notamment une variété de couleur orange vif que les Italiens nomment *Aurora dell'Etna*.

CATANE • L'ETNA

Piqueté de cratères et déchiré de précipices, l'Etna est comme la face cachée de la lune.

outre d'une splendide vue sur Catane et sur l'Etna. Le Jardin botanique adjacent est l'un des plus riches d'Italie.

L'Etna

Ce volcan, le plus haut d'Europe et l'un des plus actifs de la planète, change d'altitude d'une année à l'autre en fonction des éruptions. A la fin de 1998, le sommet culminait à 3343 m au-dessus du niveau de la mer, de laquelle il a surgi il y a environ 600 000 ans. On a dénombré 135 éruptions depuis l'Antiquité, dont 15 au XXe siècle. La plus dramatique eut lieu en 1669. La lave engloutit une grande partie de Catane et s'écoula jusque dans la mer. La ville de Belpasso, située aux pieds du volcan, dont le périmètre mesure quelque 165 km, dut être totalement évacuée. Plus récemment, l'Etna resta en éruption de décembre 1991 jusqu'au printemps 1993; lors de la dernière éruption, en octobre 2002, des fissures se sont ouvertes sur les versants nord et sud.

Vers le cratère

Depuis Catane, il faut compter une heure de route pour être à pied d'œuvre, en passant par le centre de villégiature en plein essor de Nicolosi. Là, le bureau d'information sis au n° 32 de la

Via Etnea vous fournira tous les renseignements utiles concernant l'activité volcanique et l'accès. L'excursion vers le sommet part du Rifugio Sapienza, à 21 km de Nicolosi. Situé à 1910 m d'altitude, ce refuge est aussi le point de départ du téléphérique, qui a été endommagé lors de l'éruption de 2001 – il est actuellement en reconstruction et sa réouverture est prévue pour l'automne 2004. En attendant, des minibus tout-terrains vous amènent jusqu'à La Montagnola, à 2640 m, ou, si la zone n'est pas interdite pour raisons de sécurité, jusqu'à la base du cratère (2900 m). Pour gagner la Torre del Filosofo, il faut être en compagnie d'un guide officiel. La tour du Philosophe doit son nom à la légende selon laquelle Empédocle d'Agrigente (Ve siècle av. J.-C.) se serait délibérément précipité dans le cratère, convaincu qu'il était de sa propre immortalité. Plus prosaïquement, ce grand penseur et poète père des quatre éléments – feu, eau, air et terre – est sans doute décédé dans son lit dans le Péloponnèse et la tour fut vraisemblablement érigée en l'honneur de l'empereur Hadrien qui vint assister ici au lever du soleil en l'an 127 de notre ère.

Acireale

Ce plaisant centre balnéaire situé à 16 km au nord de Catane peut aussi être visité lors d'une excursion autour de l'Etna. Comme la plupart des villes de la région, Acireale fut reconstruite après le tremblement de terre de 1693.

Piazza del Duomo

De proportions harmonieuses, cette place accueillit jadis spectacles et concerts en plein air. Au fond, l'église dédiée aux saints Pierre et Paul présente une séduisante asymétrie, avec sa façade baroque à deux niveaux accolée à un unique clocher. A droite, le Palazzo Comunale du XVIe siècle possède de beaux balcons de fer forgé à encorbellement ornés de gargouilles et de masques de pierre. A gauche, le Duomo à deux clochers a été doté d'une façade néo-gothique au début du XXe siècle, mais il a conservé son beau porche du XVIe.

Terme di Santa Venera

A l'extrémité sud de la ville, ces thermes néo-classiques sont alimentés par des sources sulfureuses dont la température constante de 22°C est appréciable après une randonnée sur l'Etna.

Taormina

Cette ville a su rester à la hauteur de sa réputation de lieu de séjour le plus enchanteur de la Sicile, depuis la lointaine époque où les patriciens grecs de Syracuse venaient s'y détendre. *Tauromenion* fut fondée au IVe siècle av. J.-C. sur les pentes du mont Tauro par des colons de la voisine Naxos. Aujourd'hui comme hier, les visiteurs sont conquis par la douceur de l'air et la pureté de la lumière qui règnent sur ce plateau s'élevant à 200 m au-dessus du niveau de la mer, par le charme de ses villas, palazzi et jardins et par la beauté de son théâtre grec.

Teatro Greco
Taillé au IIe siècle av. J.-C. dans le roc du mont Tauro, le théâtre grec fut transformé cinq siècles plus tard par les Romains en un amphithéâtre plus vaste pour accueillir des combats de gladiateurs. Les colonnes corinthiennes de marbre blanc qui encadraient la scène semi-circulaire destinée aux musiciens, choristes et acteurs grecs forment un saisissant contraste avec les hautes niches voûtées en brique rouge construites par les Romains et avec les cyprès d'un vert intense qui se dressent à l'arrière-plan. La beauté stupéfiante du panorama s'offrant sur l'Etna et sur la mer constitue une rude concurrence pour le Festival de Taormina qui chaque été rassemble ici des représentations de musique, de théâtre et de cinéma.

Corso Umberto I
Considérée à juste titre comme le cadre le plus élégant – et le plus paisible – de l'Italie pour la rituelle passeggiata, la principale artère de Taormina s'incurve en une douce montée de la Porta Messina au nord à la Porta Catania au sud-ouest de la ville. Cafés, restaurants, pâtisseries et boutiques chic se succèdent tout au long du chemin.

Palazzo Corvaja
Siège de l'Office du Tourisme, cet imposant palais se compose d'une tour carrée érigée au Xe siècle par les Arabes et de deux ailes et une cour dotée d'un escalier extérieur qui furent ajoutées aux XIIe et XVe siècles par les Allemands et les Espagnols. Vous pouvez visiter ici le Musée des Arts et Traditions populaires. La place qui s'étend à l'arrière de l'édifice était autrefois le forum romain.

Villa Comunale
Depuis le palazzo Corvaja, suivez les panneaux jaunes jusqu'aux jardins publics de la Villa Comunale. Cette promenade tranquille est agrémentée de magnifiques échappées sur l'Etna et sur la Méditerranée.

Santa Caterina d'Alessandria
Cette église baroque de marbre rose et de grès local fut bâtie au XVIe siècle à l'emplacement d'un ancien temple. A l'arrière, on peut voir les vestiges de brique

rouge d'un petit odéon romain (Ier siècle av. J.-C.).

Naumachia
Visible depuis une rue transversale s'ouvrant dans la partie sud du Corso, cette massive muraille romaine de brique rouge faisait probablement partie de l'ancien réservoir à eau de la ville. Son nom se réfère aux «batailles navales» (naumachies) mises en scène dans le bassin pour distraire les habitants.

Piazza IX Aprile
Cette place située à mi-longueur du Corso possède une terrasse prisée pour la vue somptueuse qu'elle offre sur l'Etna et sur la baie de Taormina. Sur la gauche s'élève l'église gothique de Sant'Agostino (1448), reconvertie en bibliothèque. A l'arrière du clocher du XVe siècle et de l'église plus tardive de San Giuseppe s'étend le quartier médiéval.

Cathédrale
L'austérité de cette église fortifiée du XIIe siècle est quelque peu atténuée par un portique richement ornementé ajouté au XVIe siècle et par la fontaine baroque qui se dresse sur le parvis.

Monte Tauro
En suivant la tortueuse Via Circonvallazione en direction de Castelmola, vous découvrirez après 4 km de route un écriteau indiquant sur votre droite *Salita Castello*. Le chemin vous conduira aux ruines d'un château médiéval planté au sommet du Monte Tauro (398 m), site de l'ancienne acropole, d'où on jouit d'un superbe panorama sur la ville moderne et son théâtre. Un peu plus loin sur la route s'étend le charmant petit village de Castelmola, qui possède son propre château – en ruine lui aussi – et quelques plaisants cafés.

Les plages
Le littoral offre d'agréables plages pour une excursion d'une journée. Immédiatement au nord se trouvent les anses de galets de Mazzaro (on peut y accéder en téléphérique depuis la Via Pirandello à Taormina), toutes proches du cap Sant'Andrea qui recèle d'intéressantes grottes. Vous trouverez du sable un peu plus au nord, sur les plages de Spisone et de Letojanni.

Giardini-Naxos
Colonisée en 734 av. J.-C. par des habitants de l'île de Naxos, en mer Egée, cette station balnéaire fut l'un des premiers établissements grecs en Sicile. Elle est

Pour jouir d'une vue incomparable, faites une pause sur Piazza IX Aprile.

situuée sur le Capo Schiso, à 4 km au sud de Taormina. Depuis la longue plage de sable qui borde la baie, une rafraîchissante promenade à travers les citronniers vous conduira aux fouilles locales – maisons antiques, murs de pierre volcanique, deux fours à pain et un temple à Aphrodite – et à un petit musée d'archéologie.

Messine

Ce centre maritime vital fut la première ville sicilienne conquise par les Romains (263 av. J.-C.). Détruite par les tremblements de terre de 1783 et de 1908, puis par les bombardements anglo-américains en 1943, elle offre aujourd'hui, à l'exception de quelques églises reconstruites à grand peine, le visage d'une ville résolument moderne, bâtie sur des fondations qu'on espère à l'épreuve des secousses sismiques. Elle mérite quoi qu'il en soit une brève visite, ne serait-ce que pour son riche musée d'art et pour ses excellents restaurants de spécialités de la mer dans le quartier du port.

Duomo

Bâtie au XIe siècle, la cathédrale gothique de Messine a été reconstruite à trois reprises. Elle présente un aspect assez proche de l'original, avec les portails et mosaïques ajoutés à sa façade au XVe siècle. A l'intérieur, sur le premier autel du côté droit, le *Saint Jean-Baptiste* sculpté par Antonello Gagini en 1525 est l'unique œuvre d'art de l'édifice à avoir survécu aux bombardements de 1943.

Piazza del Duomo

Il y a toujours foule pour admirer le spectacle de l'horloge astronomique installée en 1933 sur le beffroi détaché de la cathédrale. A midi pile, un canon tonne, un lion rugit et un coq chante, cependant que divers personnages chrétiens et païens annoncent les saisons et les jours fériés. L'un d'eux tient la scène chaque jour de l'année: la Mort agitant sa faux. Au centre de la place, la Fontana di Orione de Giovanni Montorsoli fut érigée en 1547 pour inaugurer le premier aqueduc de la cité.

Museo Regionale

Aménagé dans une filature du XIXe siècle du côté nord de la ville (Via della Liberta 465), le musée s'organise pour l'essentiel autour d'une cour qu'agrémentent des porches remarquablement bien conservés d'églises détruites lors du séisme de 1908. Il abrite un admirable *Polyptique de Saint Grégoire* (1473) d'Antonello da Messina et deux œuvres tardives de Caravaggio peintes durant son séjour à Messine (1608–1609).

➤ L'INTÉRIEUR
Enna, Petralia, Piazza Armerina,
Villa Romana del Casale, Caltagirone

La population de l'intérieur de l'île ne cesse de décroître du fait d'une migration vers les agglomérations côtières, mais les principales villes du centre présentent un intérêt historique considérable. Leur situation en altitude en fait aussi des havres de fraîcheur. Romains, Arabes et Normands fortifièrent les principales cités de l'intérieur afin de protéger les grands axes de communication, notamment Enna en tant que centre géographique de l'île et Caltagirone comme point de passage vital entre Catane et Gela. Par ailleurs, la fertilité des terres encouragea les Romains à développer leurs latifundia autour d'opulentes villas parmi lesquelles Casale, fameuse pour ses splendides mosaïques.

Enna
Cette ville en grande partie médiévale est reliée à Palerme, Cefalú et Catane par l'autoroute A19. Perchée sur une arête en V à 931 m d'altitude, elle est connue comme le «Belvédère de la Sicile» en raison du splendide point de vue qu'elle offre jusqu'à l'Etna, à travers champs de blé, oliveraies et vergers d'amandiers.

Castello di Lombardia
Les Sicanes et les Sicules, les tyrans grecs de Gela, les Romains, les Byzantins, les Arabes et les Normands avaient successivement établi des forteresses sur l'éperon rocheux qui se dresse à l'extrémité orientale de la ville. Quant à Frédéric II, il y fit ériger au XIIe siècle l'un des plus formidables châteaux de toute la Sicile. Les Espagnols en firent une résidence d'été qu'ils placèrent sous la protection d'une garnison de soldats lombards. Du sommet de la Torre Pisana – la mieux préservée des six tours qui ont subsisté sur les vingt de l'origine – on jouit d'une vue exceptionnelle. La cour principale sert de théâtre durant la saison estivale.

LES POINTS FORTS

- **Enna** – splendides panoramas
- **Villa Romana del Casale** – superbes mosaïques sur le plus beau site romain de Sicile
- **Caltagirone** – dynamique artisanat moderne de la céramique

Castello Manfredonico, sur un éperon rocheux près de Mussomeli, fut bâti par un membre de la puissante famille des Chiaramonte en 1370.

Rocca di Cerere

Le panorama est superbe également depuis l'affleurement rocheux situé au nord-ouest du château, où sont éparpillés quelques maigres vestiges d'un temple grec voué à la déesse de la fertilité Cérès, érigé en 480 av. J.-C. par le tyran Gélon.

Duomo

L'imposante façade à arcades et le clocher de la cathédrale sont des éléments reconstruits dans le style baroque au XVe siècle. Restent, de l'édifice gothique d'origine, les absides polygonales du fond. Le porche sud est orné d'un bas-relief de saint Martin provenant d'une chapelle médiévale du château. A l'intérieur, d'imposantes colonnes de basalte noir coiffées de chapiteaux sculptés séparent les ailes de la nef. Le plafond à caisson, le buffet d'orgue et les stalles du chœur sont de magnifiques témoignages de l'art de la sculpture sur bois des XVe et XVIe siècles.

Via Roma

La rue principale de la ville recèle quelques beaux palais, en majorité baroques. Comme beaucoup d'autres, le beffroi de l'église San Giuseppe fut bâti pour servir de tour de guet. Le Palazzo Pollicarini (XVe siècle) est un magnifique exemple de l'architecture gothique catalane, avec son élégant escalier extérieur aménagé dans la cour. L'église de San Marco (XVIe siècle) était anciennement une synagogue, comme en témoigne la galerie supérieure qui séparait les femmes des hommes durant les services.

Musées
Le trésor de la cathédrale est abrité dans le Museo Alassi, qui renferme également une collection d'icônes byzantines et des peintures locales du XIXe siècle. Le Musée d'Archéologie, aménagé dans le Palazzo Varisano au sud de la Via Roma, expose des pièces de joaillerie grecque et romaine ainsi que des personnages de terre cuite découverts à l'intérieur de tombeaux anciens de la région.

Torre di Federico II
Jadis reliée au château par un tunnel souterrain, cette tour octogonale du XIIe siècle, d'une hauteur de 24 m, se dresse sur une petite butte située dans les jardins publics d'Enna, à l'extrémité sud-est de la Via Roma.

Petralia
Divisée en deux parties bâties sur les flancs opposés d'une colline, au sud de la chaîne des Madonie, Petralia est le point de départ idéal pour une visite du Parco Regionale delle Madonie. Dans la ville basse, Petralia Sottana, la superbe Chiesa Matrice (XVIe siècle) a conservé son porche datant de la fin du gothique.

C'est dans la paisible partie médiévale de la ville – Petralia Soprana – que vous jouirez des plus beaux points de vue sur la campagne environnante, en particulier depuis le Belvédère proche de la Piazza del Popolo. La Chiesa Madre (XIVe siècle) possède un impressionnant campanile gothique et, à l'intérieur, une *Crucifixion* du XVIe siècle en bois sculptée par Fra Umile da Petralia, un artiste local apprécié.

Piazza Armerina
Fondée au Xe siècle par le comte normand Roger, cette jolie cité dressée sur une colline est surtout fréquentée de nos jours en raison de sa proximité avec l'admirable Villa Romana del Casale.

Duomo
Imposant mélange de styles baroque, Renaissance et gothique, cette grande cathédrale à dôme flanquée d'un campanile du XIVe siècle domine toute la ville. Sa statue de la *Madonna delle Vittorie* est portée en procession à travers les rues lors de la fête de l'Assomption, aussitôt après le tournoi du *Palio* qui célèbre, en costumes d'époque, la victoire du comte Roger sur les Arabes.

Piazza Garibaldi

Cette place occupant le cœur du centro storico est cernée par l'église baroque de San Rocco (1613) dotée d'un porche monumental et par le Palazzo di Citta (XVIIe siècle). Sur la proche Via Cavour, le Palazzo Canicarao, également de style baroque, abrite l'Office du Tourisme local.

Villa Romana del Casale

Située à la périphérie occidentale de Piazza Armerina, cette grandiose villa achevée au début du IVe siècle de notre ère est le monument romain le plus important de la Sicile. Les historiens pensent que cette résidence de 40 pièces couvrant quelque 3500 m² pourrait avoir été la propriété de Maximien, qui partagea le pouvoir avec l'empereur Dioclétien de 286 à 305. Ses safaris en Afrique expliqueraient la pléthore de fauves et autres bêtes sauvages figurant sur le dallage en mosaïque de la demeure.

Thermae

Au fond de la cour, deux petites chambres mènent à un gymnase (*palestra*) allongé dont le dallage représente une course de chars au Cirque Maxime de Rome. Le *frigidarium* (bain froid) adjacent, de forme octogonale, est décoré d'une scène marine composée de dauphins, de nymphes et de tritons. Le petit *aleipterion* (salle de massage) montre des masseurs soignant les corps des baigneurs et d'autres personnages préparant les huiles.

Péristyle

Un petit vestibule conduit à la cour centrale à colonnade, dotée en son centre d'une fontaine. La mosaïque qui en fait le tour présente des formes géométriques et des médaillons figurant des oiseaux et des têtes de tigres, de panthères, de sangliers et d'ours sauvages, ainsi que de vaches et de chevaux.

Salle de la Petite Chasse

Cette chambre renferme des scènes très vivantes d'une chasse au renard, du sacrifice d'un sanglier et d'un lièvre à la déesse Diane ainsi que d'un banquet sous les arbres.

Corridor de la Grande Chasse

Les mosaïques ornant ce corridor long de plus de 60 m sont le trésor de la villa. Elles représentent des scènes de capture, de mise en cage et de chargement à bord de navires d'animaux d'Afrique: éléphant, hippopotame, rhinocéros, lion, panthère, dromadaire, antilope.

Chambre des Dix Gymnastes

Située du côté sud du péristyle, cette chambre montre des jeunes femmes vêtues de sortes de biki-

Villa Romana del Casale • Caltagirone

Détail d'une scène de chasse de la Villa Romana del Casale.

nis qui s'adonnent à des exercices de gymnastique variés – haltérophilie, lancer du disque, course.

Triclinium
Dans cette vaste salle à manger aménagée à l'angle sud-est de la villa, les mosaïques illustrent les Douze Travaux d'Hercule.

Caltagirone
A une heure de route de Piazza Armerina, cette ville est fameuse pour ses céramiques, anciennes et modernes. L'industrie locale a grandement bénéficié de l'introduction au IXe siècle par les Arabes de techniques de vernissages perfectionnées et d'élégants motifs en bleu et jaune. Les rues sont bordées d'ateliers et de boutiques, mais l'expression la plus saisissante de l'art de Caltagirone est La Scala, un escalier de 142 marches entièrement recouvert de majoliques, qui relie la Piazza del Municipio à l'église de Santa Maria del Monte (XVIIe siècle). Il existe un intéressant Museo della Ceramica dans les jardins publics situés en retrait de la Via Roma. Au nord de la ville, à l'extrémité de la Via Luigi Sturzo, l'église de San Giorgio, reconstruite après le séisme de 1693, possède une très belle peinture flamande de la *Trinité* attribuée à Roger van der Weyden.

▶ LA CÔTE SEPTENTRIONALE
Cefalú, Castelbuono, Termini Imerese, Himera,
Santo Stefano di Camastra, Tindari, Milazzo

La cité historique de Cefalú est la plus célèbre des stations balnéaires de la côte septentrionale à l'est de Palerme. Mais tout le littoral est jalonné de centres de villégiature et de plages populaires, comme Termini Imerese, très fréquentée par les Italiens, ou Capo d'Orlando. Sur le plan archéologique, les deux principaux points d'attraction sont Tindari et Himera. De Milazzo partent les ferries à destination des îles Eoliennes.

Cefalú
Pelotonné sur une étroite bande de terre entre la mer et les falaises, ce port de pêche doit sa renommée historique à sa formidable cathédrale du XIe siècle, chef-d'œuvre de l'architecture normande, et sa popularité moderne à la délicieuse plage de sable qui s'étire en une gracieuse courbe du côté ouest de la ville. Entre ces deux pôles d'intérêt, on aura plaisir aussi à musarder dans les étroites ruelles du charmant quartier médiéval qui rappelle la période arabe de Cefalú.

Duomo
C'est en 1131 que le roi Roger II fit ériger cette puissante église romane comme un panthéon royal à la gloire des monarques normands. Son tombeau, comme ceux de ses successeurs, fut néanmoins installé dans la cathédrale de Palerme, bâtie une cinquantaine d'années plus tard. Flanquant un porche à colonnade ajouté au XVe siècle, les deux tours de l'église aux proportions de minarets trahissent, de même que les arches aveugles des absides, la participation d'architectes arabes à cette construction. A l'intérieur, vous admirerez sur la droite de superbes fonts baptismaux romans et, derrière le maître-autel, une *Crucifixion* en bois du XVe siècle. Les voûtes des absides sont ornées de mosaïques très élaborées (1148). Plus typiquement byzantines que celles, plus tardives, de Monreale, elles montrent en leur centre le Christ Pantocrator, la Vierge, les archanges et les apôtres. Saints et prophètes occupent les voûtes latérales.

Museo Mandralisca
A l'ouest de la bourdonnante Piazza del Duomo, ce musée (Via Mandralisca 13) expose des œuvres d'art de l'Antiquité et des peintures du XVe au XIXe siècle. Les pièces maîtresses sont un cratère grec (IVe siècle av. J.-C.) provenant de l'île de Lipari qui

CEFALÚ • CASTELBUONO • TERMINI IMERESE • HIMERA

représente un pêcheur marchandant avec un client, et le fameux *Portrait d'un inconnu* (1470) d'Antonello da Messina.

La Rocca
Sur la Piazza Garibaldi, un escalier dissimulé derrière le Banco di Sicilia conduit au sommet de la montagne qui domine la ville. Au-delà des maigres vestiges d'un sanctuaire préhistorique augmenté au Ve siècle av. J.-C. d'éléments de maçonnerie (Tempio di Diana), se trouvent les restes épars d'une forteresse byzantine. Cette balade d'une heure aller et retour à travers les pinèdes odorantes vaut surtout pour le magnifique panorama qui s'offre au sommet.

Castelbuono
Un plaisant trajet de 45 minutes au sud de Cefalú vous amènera à ce joli bourg planté sur une colline parmi les vergers d'amandiers et d'oliviers. Son église de la Matrice Vecchia (XIVe siècle) possède un élégant porche Renaissance et, sur le maître-autel, un superbe polyptique du XVe siècle. Dans le château médiéval, la chapelle de Santa Anna est ornée de stucs baroques dus aux frères Serpotta.

Termini Imerese
Réputée depuis l'époque romaine pour les vertus anti-arthritiques de ses eaux, cette station a gardé la faveur des Italiens que ne rebutent pas les industries implantées dans la ville basse. Plus haut, l'ancienne cité renferme une intéressante cathédrale du XVIe siècle riche de quelques superbes sculptures Renaissance et baroques. Tout près de là, le charmant Belvedere Principe Umberto offre un superbe point de vue sur la côte en direction de Cefalú. Les jardins publics de Villa Palmieri, où subsistent des traces d'un amphithéâtre romain (Ier siècle de notre ère) sont très fréquentés à l'heure de la passeggiata.

Himera
Situé à 16 km à l'est de Termini Imerese, ce site fut le théâtre en 480 av. J.-C. d'une féroce bataille qui marqua un tournant décisif dans l'histoire de la Sicile. C'est

---

LES POINTS FORTS
- **Cefalú** – la grande cathédrale normande de Roger II
- **Santo Stefano di Camastra** – céramiques modernes peintes à la main
- **Tindari** – représentations en plein air dans le théâtre grec

en effet dans cette cité portuaire fondée par des colons de Messine que les forces alliées d'Agrigente, de Gela et de Syracuse stoppèrent l'expansion des Carthaginois, déterminés à conquérir l'intérieur de l'île depuis leurs places fortes de la côte nord. Un immense temple dorique, le Tempio della Vittoria, fut érigé sur le lieu de la bataille pour célébrer cette victoire. Il fut détruit avec le reste de la ville en 409 av. J.-C., lors d'une attaque des Carthaginois décidés à prendre leur revanche. Sur l'acropole, au sud du sanctuaire, des archéologues ont exhumé les vestiges de trois temples de plus petite taille ainsi que d'une nécropole.

Santo Stefano di Camastra

Cette station située à 32 km à l'est de Cefalú est réputée pour ses céramiques peintes à la main de toutes formes, couleurs et dimensions qui font du tronçon local de l'autoroute une véritable exposition permanente. Un Musée de la Céramique a été aménagé dans le Palazzo Sergio (XVIIe siècle) où résida jadis le duc de Camastra, âme de la reconstruction du sud-est de la Sicile après le séisme de 1693.

Tindari

Les vestiges de l'ancienne colonie grecque de Tyndaris, fondée en 396 av. J.-C. par des Syracusains, datent pour l'essentiel de la période romaine. Boutiques, tavernes et maisons romaines ont été mises au jour le long de la grand-rue de l'ancienne cité, ainsi que des thermes avec leur plomberie et une basilique de respectable dimension. Une des maisons possède un joli dallage en mosaïque. Le théâtre grec (IIe siècle av. J.-C.) avait été converti par les Romains en un amphithéâtre pour les combats de gladiateurs, mais il a été rendu depuis à sa vocation première. On y donne en été des représentations de pièces classiques.

Milazzo

Pour les touristes, Milazzo est surtout le point de départ des ferries à destination des îles Eoliennes. Elle mérite toutefois une petite visite pour ses fortifications et son château médiéval, érigés au XIIe siècle par Frédéric II et aggrandis 300 ans plus tard par les Espagnols. Au cœur de la cité ancienne se dresse le Duomo Vecchio, un édifice baroque de 1608 qui a cédé au XXe siècle son rang de cathédrale au Duomo Nuovo bâti dans la ville moderne. Capo Milazzo, à l'extrémité nord de la péninsule sur laquelle s'étend l'agglomération, regroupe des plages, des cafés et des restaurants très prisés des vacanciers italiens.

LES ÎLES ÉOLIENNES
Lipari, Vulcano, Stromboli, Panarea, Salina, Filicudi, Alicudi

Egalement connu sous le nom d'îles Lipari, cet archipel au large de la côte nord-est de la Sicile est à la fois un lieu d'excursion – par hydroglisseur depuis Palerme, Cefalú, Messine et, surtout, Milazzo – et de séjour. Son nom, tiré de celui du dieu grec gardien des vents Eole, se justifie par les violentes bourrasques qui balaient ses îles en automne et en hiver. Le reste de l'année, il baigne dans une atmosphère d'étuve qu'anime de temps à autre quelque éruption volcanique. Si chacune des sept îles qui le composent possède des plages de sable noir et des roches d'origine volcanique, seules Vulcano et Stromboli ont encore des volcans actifs, quoique rarement menaçants. Avec Lipari, ces deux îles sont les plus fréquentées, les autres offrant, par opposition, l'agrément appréciable de la tranquillité.

Ces îles ont une histoire distincte de celle de la Sicile. Les outils et armes qu'on y produisait à l'époque préhistorique à partir d'obsidienne volcanique tranchante comme le rasoir attirèrent des négociants de toute la Méditerranée. A l'époque classique, l'archipel fut occupé par des réfugiés grecs des guerres qui opposaient Ségeste et Sélinonte. Ses habitants s'enrichirent grâce au butin confisqué aux pirates de passage et à leurs propres expéditions en haute mer, avant de succomber eux-mêmes aux attaques du féroce Khayr Al-Din (Barberousse) en 1544.

Lipari
La plus grande île de l'archipel est aussi la plus animée. Elle possède quelques belles plages de sable noir et de galets et est recouverte d'un typique maquis méditerranéen qu'égayent les taches colorées des bougainvillées, des géraniums sauvages et des figuiers de barbarie. Au nord, on a récemment relancé l'industrie de la pierre ponce, utilisée dans les cosmétiques, les produits pharmaceutiques, les pâtes dentifrice, les matériaux de construction antisismiques… et pour la fabrication des jeans délavés.

La ville
La vieille ville est bâtie sur l'ancienne acropole, une citadelle fortifiée dont les murailles massives révèlent les phases successives de l'histoire locale – de l'âge du bronze au XVIIe siècle en passant par les ères grecque, romaine et médiévale – tout cela remarqua-

blement expliqué dans le superbe musée d'archéologie. Fondée par les Normands, la cathédrale est aujourd'hui un édifice essentiellement baroque. Elle renferme une précieuse statue en argent du XVIIe siècle représentant Bartholomé, saint patron de l'archipel.

Museo Eoliano

Ce musée consacré à la préhistoire et à l'Antiquité occupe plusieurs bâtiments entourant la cathédrale. La section préhistorique se trouve dans le palais de l'Evêque, datant du XVIIe siècle. A l'étage sont rassemblés les fameux outils et armes en obsidienne, vieux de plus de 6000 ans, qui firent la prospérité originelle des insulaires, ainsi que des céramiques provenant de leurs sépultures. En bas sont présentés des bijoux et autres objets façonnés allant de l'âge du fer à l'époque des premiers colons grecs. A gauche de la cathédrale se trouve la section classique, qui regroupe des sculptures et céramiques. On peut y admirer notamment de splendides cratères peints (IVe siècle av. J.-C.) provenant de Paestum, en Italie continentale, et de superbes vases polychromes (IIe siècle av. J.-C.) réalisés dans un atelier local. Mais le trésor du musée est sa collection unique de masques de théâtre grecs (IVe siècle av. J.-C.) tant comiques que tragiques.

Excursions

Toutes les demi-heures, des cars partent pour le tour de l'île, stoppant sur la côte orientale à la petite plage de galets de Canneto et à Spiaggia Bianca, plus appréciée pour son sable quoique moins blanche que ne le suggère son nom, puis, plus au nord, au site d'extraction de pierre ponce (Cave di Pomice) de Campobianco. A Fossa delle Rocche Rosse, vous pourrez dénicher des échantillons de l'obsidienne autrefois si convoitée. A Aquacalda et, surtout, à Puntazze, sur la côte nord, on jouit d'extraordinaires points de vue sur les autres îles, de Stromboli à l'est à la petite Alicudi à l'ouest.

Tout près de la ville de Lipari à l'ouest, le lieu-dit Quattrocchi (Quatre Yeux) vous offrira un panorama non moins spectaculaire sur les faraglioni (îlots rocheux) qui se dressent parmi les flots et sur l'île voisine de Vulcano.

Vulcano

En entrant dans le port, on est pénétré par l'âcre parfum de soufre qui descend de la montagne. Si l'on excepte une légère nuée de vapeur blanche, cette odeur est pratiquement tout ce qui émane encore de ce volcan, dont la dernière éruption remonte à 1890. Toutefois, il affirme sa présence dans toute l'île sous la forme de minéraux aux éclatantes couleurs orange, vermillon et jaune acide.

Porto di Levante
Le port est essentiellement une concentration de restaurants, de bars, de boutiques et de villas de vacances. La principale attraction locale est le *fango* (bain de boue) qu'on prend au pied d'un faraglione déchiqueté. On affirme que l'immersion du corps dans cette matière jaunâtre sulfureuse et légèrement radioactive est excellente contre l'arthrite et les problèmes de la peau, mais contre-indiqué pour les femmes et les enfants en bas âge.

Porto di Ponente
A 15 minutes à peine de marche du précédent, ce petit port recèle une magnifique plage de sable volcanique noir ainsi que de beaux points de vue sur les faraglioni et sur Lipari. Dans l'après-midi, prenez la route du nord jusqu'à Vulcanello, le mini-volcan né en 183 av. J.-C. d'une éruption de son grand voisin. De la Valle dei Mostri (vallée des Monstres) toute proche, le coucher de soleil sur les fantastiques formations de lave et la mer est d'une beauté saisissante.

Gran Cratere
La petite heure d'ascension jusqu'au cratère du principal volcan de l'île, par un sentier sinueux et bien balisé, vaut la peine. En chemin, vous pourrez croiser une chèvre mâchonnant quelque maigre buisson, mais c'est à peu près la seule forme de vie qui hante ces pentes de sable noir ponctué par endroits de taches rouges ou jaunes. L'odeur de soufre se fait plus entêtante à mesure qu'on approche du sommet, d'où s'échappent de légères fumerolles blanches qui vont se perdre dans un ciel d'un bleu limpide.

Stromboli
Le spectacle nocturne (invisible à la lumière du jour) des étincelles écarlates et de la lave en fusion qui s'échappent toutes les minutes du volcan fait de Stromboli

---

LES POINTS FORTS
- **Lipari** – plages et musée d'archéologie
- **Vulcano** – grand cratère et bains de boue
- **Stromboli** – le plus actif des volcans de l'archipel
- **Panarea** – sports aquatiques et nautiques (plongée, voile)
- **Salina** – vin issu de cépage malvoisie

une île à part. C'est ici que Roberto Rossellini tourna en 1949 son célèbre film *Stromboli* avec Ingrid Bergman, et c'est ici que refont surface les héros du *Voyage au centre de la terre* de Jules Verne. Une nuit au Stromboli, de préférence assortie de l'ascension du volcan, vous laissera d'impérissables souvenirs.

La ville
L'agglomération est en réalité la réunion de trois hameaux coincés entre la mer et le pied du volcan. Du port de Scari, la route se dirige au nord vers les grandes plages de sable volcanique noir de Ficogrande. Un peu en retrait se trouve San Vincenzo où, près de l'église, vous découvrirez la maison rose où séjourna Ingrid Bergman. En longeant la côte vers l'ouest, vous arriverez à Piscita, qui possède une belle plage de cendre volcanique.

Le volcan
En raison de l'activité permanente du volcan, l'ascension jusqu'au cratère (924 m) s'effectue de préférence, et pour votre sécurité, avec un guide. Le départ a lieu vers 18 h à Piscita, juste derrière l'église de San Bartolo. On compte environ trois heures pour grimper, une heure sur place et deux heures pour redescendre (emportez de l'eau en quantité pour vous désaltérer). Le bas de la pente est émaillé de figuiers de barbarie et de vignes, qui cèdent bientôt la place aux typiques buissons méditerranéens, avec une prédominance de genêts et d'ajoncs. En haut, on traverse un paysage totalement désolé qu'illumine occasionnellement la lueur rougeâtre du cratère.

Excursions en bateau
Du port de Scari, on peut embarquer pour un tour de l'île qui dure environ trois heures. C'est l'occasion de voir de près le Strombolicchio, une tour de basalte de 49 m de hauteur dont la roche noire est striée de roux, de vert, de jaune, de bleu et de blanc. Le bateau fait habituellement halte au village de Ginostra.

Panarea
Située au nord-est de Lipari, la plus petite île de l'archipel mesure à peine 3 km de long et 1,5 km de large. Elle est particulièrement prisée des amateurs de sports aquatiques pour ses délicieuses plages de galets et la ceinture d'îlots rocheux qui l'entoure. A Punta Milazzese, on a mis au jour les vestiges d'un village de l'âge du bronze. En dessous, la petite anse de Cala Jonco est un des lieux préférés des plongeurs.

Salina
Ses deux cônes volcaniques jumeaux confèrent à cette île un

SALINA • FILICUDI • ALICUDI

Panarea, la plus petite et, pour beaucoup, la plus belle île de l'archipel éolien.

profil facilement reconnaissable. Ils sont aujourd'hui éteints, mais ont laissé en héritage un sol propice à la culture des câpres et des raisins dont est issue la fameuse malvoisie. Les ferries accostent à Santa Marina Salina, qui possède au nord de son joli port une agréable plage de galets. Juste au sud, à Lingua, se trouve le lagon salé qui a donné son nom à l'île. Le meilleur endroit pour la baignade est l'anse de Pollara, au nord-ouest.

Filicudi

Cette île possède un petit groupe de cratères éteints dont le plus élevé, Fossa Felci (774 m), peut être escaladé par un sentier. A Capo Graziano se dressent les vestiges d'un village préhistorique composé de petites huttes ovales. Parmi les criques isolées atteignables par bateau, la Grotta del Bue Marino, sur la côte ouest, mérite une visite.

Alicudi

Ile la plus au large de l'archipel, Alicudi compte un seul village aux maisons richement fleuries et une population clairsemée de pêcheurs et d'agriculteurs. En grimpant au Filo dell'Arpa (675 m), vous passerez à côté d'un château en ruine. Du sommet, le panorama est exceptionnel.

Un peu de culture

Archimède

L'apport du plus fameux des mathématiciens grecs ne se limite pas à sa légendaire découverte dans une baignoire. De son vivant, il fascina les foules. Il passa la plus grande partie de son existence à Syracuse, où il naquit vers 290 av. J.-C., mais séjourna aussi en Egypte auprès de collègues scientifiques grecs. Ami du roi de Syracuse Hiéron II, il aurait découvert la notion de poids spécifique alors que, plongé dans sa baignoire, il cherchait le moyen de déterminer les proportions d'or et d'argent contenues dans une couronne offerte au souverain. Observant le déplacement de l'eau, il se serait précipité nu dans la rue en criant: «Eurêka!» (J'ai trouvé). On lui doit, entre autres, l'invention d'un système de pompage de l'eau basé sur l'utilisation de la vis sans fin qui porte son nom, dispositif encore employé dans les marais salants de la côte occidentale de la Sicile. A Syracuse, ses machines de guerre tinrent en échec la flotte romaine durant une année. Archimède fut tué lors du sac de la ville en 212. Plus de 150 ans plus tard, le grand avocat et orateur romain Cicéron retrouva sa tombe, gravée d'un diagramme illustrant son théorème préféré, servant à calculer le volume d'une sphère.

Art arabe

La conquête de la Sicile par les Normands entraîna la disparition presque totale des édifices islamiques, mais l'art de leurs architectes et artisans fut intégré dans les bâtiments qui les remplacèrent. Leurs typiques dômes hémisphériques colorés ainsi que leurs motifs traditionnels en fer à cheval et en entrelacs sont omniprésents dans les églises de Palerme, de Monreale et de Cefalú. Dans cette ville, les tours de la cathédrale présentent en outre les proportions caractéristiques des minarets. A l'intérieur des églises, comme dans la Cappella Palatina de Palerme, des artisans arabes ont laissé d'admirables plafonds de bois sculptés en stalactites ainsi que des murs et des voûtes ornés d'arabesques et de motifs floraux d'une saisissante beauté. Dans le domaine de la céramique, leur héritage se perpétue dans les ateliers de Caltagirone.

Baroque

La profonde sensualité caractéristique de l'architecture, de la sculpture et de la peinture baroques des XVIe et XVIIe siècles prend ses racines dans l'inclination de la Sicile arabe et byzantine pour l'opulence. Le séisme qui dévasta le sud-est de l'île en 1693 ouvrit une ère de renouveau. Des façades délicatement galbées remplacèrent les arêtes anguleuses des édifices gothiques et Renaissance. On orna les balcons des palais d'une profusion d'anges, de monstres, de héros et de chérubins sculptés. A l'intérieur, l'exubérance baroque se traduisit par l'utilisation d'un riche éventail de matériaux, de couleurs vives, de dorures et de marbres luxueux. Le Syracusain Rosario Gagliardi et le Palermitain Giovanni Battista Vaccarini ont laissé leur empreinte sur l'architecture de Catane, de Noto, de Modica et de Raguse. Giacomo Serpotta fut le père de toute une école de sculpteurs qui décorèrent en stuc polychrome et en marbre les intérieurs de nombreuses chapelles palermitaines et d'une multitude d'églises dans toute la Sicile.

Empédocle

Le fameux savant, dont la légende rapporte qu'il se précipita dans le cratère de l'Etna, naquit vers 490 av. J.-C. à Agrigente et mourut dans le Péloponnèse, une soixantaine d'années plus tard. Si la nature divine qu'il revendiquait n'a pas été confirmée, ses multiples talents de poète, de physiologiste, d'homme d'Etat et de philosophe sont en revanche indéniables. Aristote a salué en lui l'inventeur de la rhétorique, d'autres le fondateur de la médecine en Italie. Il est aussi à l'origine de la classification de la matière en quatre éléments – feu, air, eau et terre – dont l'interaction se manifestait avec une évidence particulière dans les volcans siciliens. Partant du principe que rien n'est jamais créé ni détruit, mais que tout procède de la transformation de la matière, Empédocle élabora une théorie de la transmigration de l'âme d'un corps à l'autre.

Antonello da Messina (1430–1479)

Le plus célèbre peintre sicilien innova en suggérant le volume par l'emploi audacieux de couleurs lumineuses plutôt que par le trait. Ses contacts avec des artistes flamands à Naples l'amenèrent à introduire leurs techniques picturales, y compris le recours à l'huile, à Venise et dans son île natale. Dans ses œuvres religieuses comme dans ses portraits profanes, les personnages sculpturaux sont animés d'une vie intense et d'un profond réalisme psychologique. Les toiles qu'il réalisa à Messine de 1457 jusqu'à la fin de sa vie sont exposées à Palerme, à Syracuse et dans sa ville natale, ainsi qu'à la National Gallery de Londres et au Musée du Louvre à Paris.

A table

Sur le plan gastronomique, la Sicile occupe une place à part. Les influences culinaires – grecques, arabes, espagnoles – y sont aussi variées que son histoire et le sol volcanique ajoute une petite touche particulière à ce mélange. Buon appetito !

Les entrées
Certains des principaux hors-d'œuvre siciliens peuvent être dégustés à des étalages en plein air ou dans les marchés, tels les *arancini* («petites oranges»), qui sont en réalité des boulettes de riz au fromage, aux petits pois et à la viande, les *panelle*, des beignets aux pois chiches ou les *pani cu'la meuza*, des feuilletés à la viande. A table, deux *primi piatti* de légumes riches en couleurs ont la vedette: la *peperonata*, un assortiment de poivrons rouges, jaunes et verts frits à l'huile d'olive, et la *caponata*, composée d'aubergines, de tomates et d'olives, sautées et servies froides.

Les pâtes
Savoureuse spécialité palermitaine, la *pasta con le sarde*, macaronis enrobés d'un mélange exotique de sardines fraîches, de raisins secs et de pignons, s'est répandue à travers toute la Sicile. Les *spaghetti alla trapanese* sont servis avec une sauce froide de purée de tomate, d'ail et de basilic. La *pasta alla carrettiera* est une variante de la recette *aglio e olio* (ail et huile) enrichie de pecorino (fromage de brebis) et de piment. Le *ripiddu nivicatu* est un risotto explosif à l'encre de calmar présenté sous la forme d'un volcan couronné d'une «lave» de ricotta (fromage blanc) salée et de purée de tomate épicée.

Les plats de résistance
Le thon, l'espadon, les sardines et autres produits de la mer sont le plus souvent servis grillés ou nappés d'une sauce au citron. Le *sarde a beccafico* palermitaines sont des sardines farcies à la panure, aux fruits secs et aux anchois. Spécialité de Messine, le *pesce spada* (espadon) *alla ghiotta* est garni d'une sauce tomate aux olives et aux câpres. Trapani célèbre son passé arabe avec un couscous de poisson. Sur la côte sud, aux environs d'Agrigente, deux plats sont particulièrement populaires: le *capretto al forno* (cabri au four) et le *coniglio in agrodolce* (lapin à l'aigre-doux).

Les amateurs de gelati et granite seront ici aux anges.

Desserts

Les *gelati* (crèmes glacées) siciliens sont à la hauteur de leur réputation. C'est ici que vous goûterez l'authentique *cassata*, une tranche de crème glacée et de ricotta garnie de fruits confits. Spécialité palermitaine, le *scumuni* est une glace à la pistache renfermant une crème d'œufs battus en neige. L'influence arabe est présente dans diverses pâtisseries, comme la *cubbaita*, à base de miel, d'amandes et de graines de sésame.

Boissons

L'excellent vin des pentes de l'Etna existe en rouge *(rosso)*, en rosé *(rosato)* et en blanc *(bianco)*. Le Cerasuolo (rouge ou blanc) de la région de Vittoria, sur la côte sud, est relativement corsé. Le Donnafugata est un vin blanc fruité des environs de Palerme. Vers Trapani, on produit un honorable vin blanc appelé Bianco di Álcamo. Le Marsala, qui peut avoir jusqu'à dix ans, est le plus célèbre des vins de dessert siciliens. Il en existe une version corsée à la grappa – la *mistella* – et une autre adoucie au blanc d'œuf. Les îles Eoliennes (principalement Salina) produisent la fameuse *malvasia di Lipari*. Le *limonello* est une liqueur très appréciée à base de citron.

Les achats

De nos jours, les authentiques témoignages d'un artisanat vieux de plusieurs siècles se trouvent plus facilement dans les musées folkloriques que dans les boutiques. Et pourtant…

Marionnettes

A Palerme, certains antiquaires proposent de rares (et coûteuses) pièces originales des fameux théâtres de marionnettes siciliens. Dans les boutiques environnant le Teatro Carlo Magno, le Teatro di Mimmo Cuticchio et l'Opera dei Pupi, on trouve d'excellentes copies de personnages aussi fameux qu'Orlando, Rinaldo et Bradamante. L'autre haut lieu de cet artisanat est Trapani.

Carretti

Les boutiques de souvenirs vendent des reproductions miniatures des fameuses charrettes attelées richement décorées qui sillonnaient les routes de campagne jusqu'à la dernière guerre.

Céramiques

Caltagirone, dans le sud, et Santo Stefano di Camastra, sur la côte nord, perpétuent une vieille tradition de poterie et de majoliques peintes à la main. Palerme, Catane et Sciacca possèdent elles aussi des manufactures de céramique et de terre cuite.

Objets en papyrus et vannerie

A Syracuse, l'atelier PICA a préservé la fabrication à l'ancienne d'objets en papyrus. La station balnéaire de Bagheria, près de Palerme, s'est fait une spécialité de paniers tressés à la main.

Frutta di Martorana

Ces remarquables imitations en massepain de tous les fruits imaginables – figues, oranges, citrons, pêches – tiennent leur nom d'un couvent palermitain qui les confectionnait déjà au Moyen Age. On les trouve aujourd'hui dans toute la Sicile, où ils furent vraisemblablement introduits par les Arabes.

Vins et liqueurs

C'est bien entendu à Marsala que vous trouverez le plus grand choix de vins de dessert du même nom, mais on peut les acheter également dans les autres grandes villes, y compris la liqueur mistella. Autres produits typiques: le limonello, une liqueur au citron et la délicate malvasia des îles Eoliennes.

Les sports

Sports aquatiques

Natation et plongée (autonome ou au tuba) peuvent être très plaisantes tout le long du littoral, à condition bien sûr de se tenir à bonne distance des zones industrielles qui entourent Palerme et Catane. Sur la côte est, les meilleures plages se trouvent dans les environs de Taormina (Giardini-Naxos est le nec plus ultra). Au nord, le choix se portera sur Cefalú et Capo d'Orlando et, à l'ouest de Palerme, sur Mondello, Scopello, Castellammare del Golfo et San Vito Lo Capo, sans oublier les délicieuses criques de la réserve naturelle Zingaro. Au sud, on trouvera les plus belles plages de sable blanc sur le site archéologique d'Eraclea Minoa. Les îles Eoliennes recèlent de spectaculaires anses de sable noir ou de galets volcaniques. Les vents qui balaient l'archipel à la fin de l'été et au début du printemps en font l'endroit idéal pour la planche et la navigation à voile.

Randonnée pédestre

Sur cette île pauvre en sentiers balisés, les réserves naturelles en expansion constante constituent le meilleur choix pour les randonneurs, qui trouveront des cartes détaillées auprès des bureaux d'information compétents. Sur la côte nord, on peut faire de très belles balades sur les falaises à travers le magnifique parc Zingaro. Si vous préférez la montagne, vous pourrez opter pour l'Etna ou pour les chaînes des Madonie et des Nebrodi, au sud de Cefalú. L'antique nécropole de Pantalica, dans les gorges de l'Anapo, constitue également un excellent but de randonnée. Dans le sud vous attendent les spectaculaires collines d'Aragona, en retrait d'Agrigente.

Equitation

A Pantalica et dans la réserve naturelle de la Ciane, vous trouverez des ranches proposant de superbes randonnées à cheval dans l'arrière-pays syracusain. Catane compte également quelques établissements équestres.

Ski et raquettes

Les amateurs de neige et de trekking prendront part aux excursions proposées par l'Ente Parco dell'Etna. Ces randonnées en raquettes à neige ou à ski sur le volcan ont lieu tous les dimanches, en compagnie d'un guide. Les raquettes sont fournies, en revanche, il vous faut apporter votre propre matériel de ski.

Le côté pratique

Aéroports
Tous les vols internationaux réguliers atterrissent à Catane ou à Palerme, via Pise, Milan ou Rome. Seuls les charters assurent des liaisons directes. Les terminaux abritent des guichets de banque, de location de voitures et d'informations touristiques, ainsi que des restaurants, des boutiques hors taxe et des snack-bars. Si vous n'avez pas prévu de location de véhicule à l'aéroport, vous trouverez des taxis et des bus pour vous emmener vers la plupart des grands centres de villégiature.

Bagages
Prenez de préférence des vêtements en coton. Sauf si vous allez à Taormina ou autre station chic, vous n'aurez pas l'usage de tenues strictes. Munissez-vous d'un chapeau et d'un chandail pour les soirées fraîches. De bonnes chaussures de marche sont indispensables, surtout dans les montagnes. Emportez également un anti-insecte et une lampe de poche.

Climat
La Sicile jouit d'un climat chaud et sec de mai à octobre, parfois jusqu'en novembre. En juillet et en août, les températures dépassent couramment 30°C et elles ne sont guère inférieures en juin et en septembre, mais on peut toujours se rafraîchir dans la mer ou dans les montagnes de l'intérieur. Sur le littoral, mai et octobre sont les mois les plus doux. Deux vents balaient l'île en été: le rafraîchissant *maestrale* soufflant du nord-ouest et l'étouffant *sirocco* du sud, souvent chargé de sable saharien. L'hiver peut être très doux sur les côtes, mais, à l'intérieur, il est généralement froid et accompagné de pluie, ou de neige sur les sommets. La floraison printanière est superbe.

Communications
Un conseil: glissez vos cartes postales dans une enveloppe, elles seront traitées avec plus d'égards. L'Italie est maintenant très bien équipée pour les communications par fax et par téléphone. Depuis les cabines publiques, on peut appeler dans le monde entier avec des télécartes, à bien moindres frais que depuis les hôtels.

Conduite
Si vous louez une automobile, assurez-vous d'être en possession d'un permis national ou interna-

tional valide. L'âge minimum pour la location est en principe de 21 ans. Informez-vous de l'étendue de la couverture d'assurance – passager, incendie, collision, vol, etc. La vitesse est limitée à 50 km/h dans les agglomérations, 90 km/h sur les routes. Sur les autoroutes, la limite – clairement indiquée sur les panneaux de signalisation – est de 110 ou 130 km/h. Les Siciliens conduisent relativement vite, mais sont plus calmes que les Italiens du continent (rappelez-vous que ces derniers affluent en masse sur l'île pendant l'été). Réservez l'usage de la voiture aux déplacements d'un point à l'autre de l'île, en évitant la circulation chaotique de Palerme et de Catane. Les routes de montagne sont souvent cahoteuses, mais les grandes villes sont reliées entre elles par un excellent réseau autoroutier. L'essence est très chère et de nombreuses stations-service ferment tôt le samedi et tout le dimanche.

Douane

Une passeport valable (ou expiré depuis moins de 5 ans pour les Suisses) ou une carte d'identité suffit. Les personnes en provenance de pays non membres de l'UE peuvent importer hors taxes 200 cigarettes ou 50 cigares ou 250 g de tabac, 1 l d'alcool fort ou 2 l d'alcool jusqu'à 22° et 2 l de vin. Les produits (y compris tabac et alcool) achetés non détaxés à l'intérieur de l'UE et destinés à la consommation personnelle ne sont pas soumis à des restrictions. L'importation de certains médicaments est soumise à la présentation d'un certificat médical. L'importation et l'exportation de devises sont illimitées, mais tout montant supérieur à 10 000 euros doit être déclaré.

Fêtes et jours fériés

1er janvier	Nouvel-An
6 janvier	Epiphanie
Dimanche et lundi de Pâques	
25 avril	Jour de la Libération
1er mai	Fête du Travail
15 août	Assomption (*Ferragosto*)
8 décembre	Immaculée Conception
25 et 26 décembre	Noël

Fêtes religieuses et païennes:

Février – carnaval, particulièrement important à Taormina et Acireale; fête de sainte Agathe à Catane (le 3).

Pâques – processions à Trapani, Marsala et dans l'intérieur, à Piana degli Albanesi et Enna.

Juillet – Palerme commence les festivités en l'honneur de sainte Rosalie (le 11).

Août – tournoi médiéval haut en couleur du Palio à Piazza Armerina (les 13 et 14); spectaculaires feux d'artifice à Messine (le 15).

LE CÔTÉ PRATIQUE

Heures d'ouverture
Les horaires ci-dessous sont donnés à titre indicatif seulement. En règle générale, les banques ouvrent de 8 h 30 à 12 h 45 du lundi au vendredi, les magasins de 8 h à 13 h et de 15 h 30 à 19 h 30 du lundi au samedi, mais il n'existe aucune restriction officielle à cet égard. Les horaires d'ouverture des musées et sites historiques peuvent varier selon le lieu et la saison (informez-vous auprès de l'Office du Tourisme local), mais la plupart sont fermés l'après-midi à partir de 14 h et le lundi toute la journée.

Monnaie
L'unité monétaire italienne est l'euro (€) divisé en 100 centimes. Pièces de 1 à 50 centimes, ainsi que de 1 et 2 euros. Billets de 5 à 500 euros.

Pourboire
Le service est compris dans les notes de restaurant et d'hôtel mais un pourboire de 5 à 10 % sera toujours apprécié. Si vous payez par carte de crédit, veillez à bien remplir la case «total», souvent laissée libre pour vous permettre d'arrondir la note.

Santé
La plupart des problèmes résultent de l'excès de soleil ou des abus de boissons alcoolisées. Evitez de vous exposer trop longuement aux ardeurs du premier, portez un chapeau et des lunettes, et choisissez le côté ombre de la rue lorsque vous vous baladez. En été, l'air est très sec : buvez en abondance de l'eau minérale afin de ne pas vous déshydrater, même si vous n'avez pas soif.

Si vous êtes un ressortissant de l'UE ou un citoyen suisse, demandez avant de partir à votre assurance maladie une carte européenne de santé (qui doit progressivement remplacer le formulaire E 111). Elle donne droit aux mêmes prestations de l'assurance maladie que les citoyens du pays dans lequel a lieu votre séjour.

Médecins, dentistes et personnel hospitalier sont dans l'ensemble tout à fait compétents et beaucoup ont des notions de français, d'anglais ou d'allemand. Si vous êtes sous traitement, emportez vos médicaments, car vous risquez de ne pas trouver leur équivalent exact sur place.

Savoir-vivre
La réputation bien établie de réserve des Siciliens ne signifie pas qu'ils soient inamicaux. Leur dignité commande le respect et leur hospitalité est sans bornes une fois qu'on a fait connaissance. La présence permanente de touristes les a accoutumés à des comportements plus extravertis. Ils vous serreront volontiers la main, mais n'escomptez pas une embrassade

typiquement latine. S'ils n'attendent pas des visiteurs qu'ils soient initiés au dialecte, ils seront toujours heureux d'entendre un simple *buon giorno* (bonjour), *buona sera* (bonsoir), *per piacere* (s'il vous plaît), *grazie* (merci) ou *prego* (je vous en prie). Et, si vous pouvez porter des tenues décontractées à la plage ou aux terrasses des cafés, veillez à la plus grande décence lorsque vous pénétrez dans une église.

Sécurité
La violence mafieuse est essentiellement interne, elle ne vise pas les touristes. Les pickpockets, en revanche, peuvent être très actifs sur les plages et dans les endroits animés. Evitez de les tenter en déambulant avec des sacs ouverts ou des portefeuilles glissés dans la poche-revolver, et laissez vos objets de valeur dans le coffre de l'hôtel. A l'aéroport, verrouillez vos bagages avant de les confier aux porteurs.

Toilettes
En l'absence de figurine symbolisant un homme ou une femme, sachez que les toilettes pour dames sont normalement marquées *Signore* ou *Donne*, celles pour hommes *Uomini*. Si vous répugnez à utiliser les toilettes publiques, vous pouvez, moyennant une consommation, vous servir de celles des bars et restaurants.

Transports publics
Les chemins de fer d'Etat *(FS: Ferrovie dello Stato)* relient la plupart des grandes villes, les liaisons étant plus fréquentes toutefois entre Catane, Syracuse et Messine qu'à l'ouest de Palerme. Pour les bus, il existe deux compagnies qui desservent l'ensemble de l'île (AST et SAIS) et de nombreuses compagnies locales, lesquelles constituent un moyen très plaisant d'explorer l'arrière-pays. Vérifiez soigneusement les heures de retour. Palerme et Catane possèdent toutes deux des services de transports publics très utiles pour se rendre dans les environs immédiats de la ville.

Urgences
La plupart des problèmes pourront être réglés à la réception de votre hôtel. Le numéro de téléphone de la police *(carabinieri)* est le 112, celui des pompiers le 115. L'assistance consulaire est réservée aux cas les plus graves (perte de papiers d'identité ou pire), elle ne s'applique pas aux pertes d'argent ou de billets d'avion.

Voltage
Le courant électrique est en 220 Volts, 50 Hz. Munissez-vous quoi qu'il en soit d'adaptateurs pour tout matériel électronique sensible, comme les ordinateurs portables.

ÎLES ÉOLIENNES

0 — 15 km

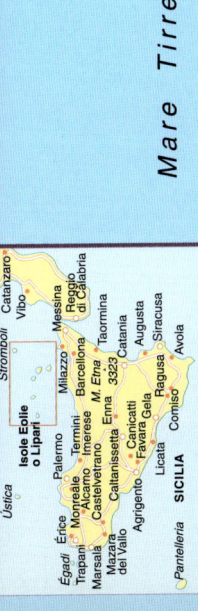

INDEX

Acireale 66
Agrigente 43–44
Álcamo 33
Alicudi 83
Bagheria 28–29
Caltagirone 75
Caos 45
Castelbuono 77
Castellammare del Golfo 31
Castello Euriralo 56
Castelvetrano 41
Catane 61–65
Cefalù 76–77
Corleone 28
Egades, îles 37–38
Eloro 59
Enna 71–73
Eoliennes, îles 79–83
Eraclea Minoa 46
Erice 36–37
Etna 65–66
Favignana 38
Filicudi 83
Gela 47
Giardini-Naxos 68–70
Golfo di Castellammare 31–32
Himera 77–78
Levanzo 38
Lipari 79–80
Marettimo 38
Marsala 38–39
Mazara del Vallo 39–40
Messine 70
Milazzo 78
Modica 59
Mondello 26
Monreale 26–28
Monte Pellegrino 26
Monte Tauro 68
Mozia 38
Noto 57–59
Palazzolo Acreide 56–57
Palerme 17–25
Panarea 82
Pantalica 56
Petralia 73
Piana degli Albanesi 28
Piazza Armerina 73–74
Raguse 59–60
Salina 82–83
San Vito Lo Capo 32
Santo Spirito 26
Santo Stefano di Camastra 78
Sciacca 46–47
Scopello 32
Ségeste 33–34
Sélinonte 40–41
Solunte 29
Stromboli 81–82
Syracuse 49–56
Taormina 66–68
Termini Imerese 77
Tindari 78
Trapani 34–36
Ústica 29
Vallée des Temples 44–46
Villa Romana del Casale 74–75
Vulcano 80–81
Zingaro, Riserva naturale dello 32

DIRECTION ÉDITORIALE
Barbara Ender
ADAPTATION FRANÇAISE
Thierry Baud
LECTURE ET CORRECTION
Chantal Schindler
MISE EN PAGES
Luc Malherbe
CRÉDITS PHOTOGRAPHIQUES
CORBIS:
–/Stadler: pp. 1, 21;
–/Rastelli: p. 6;
–/Archivo Iconografico: p. 10;
–/Royse: p. 58;
Hémisphères:
–/Lescourret: pp. 42, 46, 69;
–/Frilet: pp. 27, 72;
–/Barbagallo: pp. 65, 83;
Rainer Hackenberg: pp. 2, 4, 16, 30, 34, 48, 55, 62, 75;
Dominique Michellod: p. 87
CARTOGRAPHIE
Elsner & Schichor;
JPM Publications

Copyright © 2004, 1999
JPM Publications S.A.
12, avenue William-Fraisse,
1006 Lausanne, Suisse
information@jpmguides.com
http://www.jpmguides.com/

Tous droits, en particulier de reproduction, de diffusion et de traduction, réservés. Sans autorisation écrite de l'éditeur, il est interdit de reproduire cet ouvrage, même partiellement, d'en faire des copies ou de le retransmettre par quelque moyen que ce soit, électronique ou mécanique (photocopie, microfilm, enregistrement sonore ou visuel, banque de données ou tout autre système de reproduction ou de transmission). Bien que l'exactitude des informations rassemblées dans ce guide ait été soigneusement vérifiée, ni l'éditeur ni son client ne sauraient assumer la responsabilité d'éventuelles erreurs. Nous examinons volontiers toutes les remarques dont nos lecteurs voudraient bien nous faire part.

Printed in Switzerland – 04/07/02
Weber/Bienne,
une société de Partenaire Livre France
Edition 2004-2005